CERDDI'R CEWRI

Golygydd:

D. ISLWYN EDWARDS

Gomer

Argraffiad cyntaf—2002
Argraffiad newydd—2009

ISBN 978 1 85902 985 5

ⓑ y cerddi unigol:y beirdd a'u gweisg
ⓑ y casgliad hwn: Gwasg Gomer

Mae D. Islwyn Edwards wedi datgan ei hawl dan Ddeddf Hawlfraint,
Dyluniadau a Phatentau 1988 i gael ei gydnabod yn awdur y llyfr hwn.

Noddir yr adargraffiad hwn gan Lywodraeth Cynulliad Cymru.

Mae'r cyhoeddwyr yn ddiolchgar i'r beirdd, y gweisg a'r deiliaid hawlfraint
a roddodd ganiatâd i gyhoeddi'r cerddi sy'n ymddangos yn y gyfrol hon.

Argraffwyd yng Nghymru gan
Wasg Gomer, Llandysul, Ceredigion
www.gomer.co.uk

Cyflwynaf y gyfrol
er cof am fy nhad,
T. J. L Edwards
(1919 – 2001)

DIOLCHIADAU

Dymunaf gydnabod gyda diolch gymorth y canlynol wrth baratoi'r gyfrol hon i'w chyhoeddi:

Rose Jarmal am deipio'r gwaith; William Howells am gymorth gyda'r llyfryddiaeth; a Bethan Mair o Wasg Gomer am ei chefnogaeth a'i chyfarwyddyd.

Diolch hefyd i'r beirdd a'u cyhoeddwyr am roi eu caniatâd i atgynhyrchu eu cerddi yma. Gwelir rhestr o gyfrolau barddoniaeth y beirdd unigol, ynghyd ag enwau'r cyhoeddwyr a'r dyddiad cyhoeddi, yng nghefn y gyfrol.

RHAGAIR

Pwrpas y gyfrol hon yw cyflwyno rhai o gerddi gorau Cymru'r ugeinfed ganrif i bobl sydd wedi dysgu Cymraeg. Maen nhw i gyd yn addas *(suitable)* i'w darllen gan unigolion *(individuals)*, gyda chymorth geirfa a nodiadau ar waelod pob tudalen, ond dewiswyd llawer ohonynt yn fwriadol *(intentionally)* er mwyn ysgogi trafodaeth *(inspire discussion)* mewn grŵp neu ddosbarth hefyd. Mae'r cerddi wedi eu gosod yn fras *(roughly)* yn nhrefn amser, gyda barddoniaeth o ddechrau'r ganrif ar ddechrau'r gyfrol hyd at y detholiad o awdl Mererid Hopwood a enillodd y Gadair yn Eisteddfod Genedlaethol Dinbych yn 2001– dechrau canrif newydd – ar y diwedd.

Mae cewri *(giants)* barddoniaeth yma – beirdd enwog fel T. H. Parry-Williams, Gwenallt a Waldo Williams, a beirdd adnabyddus *(well-known)* mwy diweddar fel Gwyn Thomas, Nesta Wyn Jones ac Alan Llwyd. Mae cynrychiolaeth *(representation)* dda o waith gan feirdd ifanc hefyd, gan gynnwys Myrddin ap Dafydd a Grahame Davies, dau a enillodd wobrau *(prizes)* am eu barddoniaeth ar ddechrau'r unfed ganrif ar hugain. Mae amrywiaeth yn y cerddi o ran thema *(theme)* a ffurf *(form)*, gan gynnwys cerddi sy'n odli *(rhyme)*, cerddi penrhydd *(free-metre)* a cherddi mewn cynghanedd. Ffurf unigryw *(unique)* i farddoniaeth yn Gymraeg yw'r gynghanedd, yn seiliedig ar gyfres o reolau *(series of rules)* yn ymwneud â chyfateb llythrennau *(letters)* ac odlau. Y term am farddoniaeth sy'n cael ei ysgrifennu mewn cynghanedd yw canu caeth *(strict-metre verse)*. Mae sawl un o feirdd y gyfrol hon hefyd yn Brifardd, sef bardd sydd wedi ennill naill ai Goron, am gerddi rhydd, neu Gadair, am gerddi mewn cynghanedd, yn yr Eisteddfod Genedlaethol. Mae'r anrhydedd *(honour)* hon yn dal yn un bwysig iawn yng Nghymru.

Gobeithio y bydd darllen y casgliad hwn yn fodd i ddysgwyr agor y drws ar un o brif drysorau *(treasures)* llenyddiaeth Cymru, sef ei barddoniaeth. Wrth gwrs, dim ond blas bach iawn ar farddoniaeth Cymru a geir yma, ac er mwyn annog *(encourage)* darllenwyr i chwilio am ragor o waith eu hoff feirdd, gellir gweld rhestr yng nghefn y gyfrol hon o holl gyfrolau unigol y beirdd sy'n ymddangos yma. Wrth i ddysgwyr fagu hyder *(gain confidence)* yn eu Cymraeg, gobeithio y bydd y gyfrol hon yn eu galluogi *(enable)* nhw i ddysgu am lenyddiaeth Gymraeg, ehangu geirfa, a dod i ddeall mwy am ddiwylliant Cymru.

CYNNWYS

xi

ALLWEDD

GC : Gogledd Cymru

DC : De Cymru

h.y. : hynny yw (*that is*)

CŴYN Y GWYNT

Cwsg ni ddaw i'm hamrant heno,
  Dagrau ddaw ynghynt.
Wrth fy ffenestr yn gwynfannus
  Yr ochneidia'r gwynt.

Codi'i lais yn awr, ac wylo,
  Beichio wylo mae;
Ar y gwydr yr hyrddia'i ddagrau
  Yn ei wylltaf wae.

Pam y deui, wynt, i wylo
  At fy ffenestr i?
Dywed im, a gollaist tithau
  Un a'th garai di?

John Morris-Jones, Caniadau, 1907

cŵyn	*lament*	gwydr	*glass*
cwsg	*sleep*	hyrddia'i ddagrau	*he hurls his tears*
amrant	*eyelid*	gwylltaf wae	*wildest woe*
ynghynt	*sooner*	pam y deui…?	*pam wyt ti'n dod…?*
yn gwynfannus	*lamentingly*	dywed im	*tell me*
ochneidia	*(he) sighs*	un a'th garai di?	*un a oedd yn dy garu*
wylo (GC)	*to cry*		*di?*
beichio wylo	*to sob*		

HENAINT

'Henaint ni ddaw ei hunan'; – daw ag och
    Gydag ef, a chwynfan,
    Ac anhunedd maith weithian,
    A huno maith yn y man.

John Morris-Jones, *Caniadau*, 1907

---

henaint	*old age*	anhunedd maith	*long spells of*
hunan	*alone*		*insomnia*
och	*woe*	weithian	*now*
cwynfan	*mourning*	huno	*sleep*
		yn y man	*soon*

2

Y SAIG

Dim ond dy ben, ar ddysgl ar y bwrdd,
ynghanol y letys gwyrdd,
a'r gweddill wedi mynd i gegau eraill.
Dy lygad marw, oddi tan ei ffenestr welw,
megis merbwll bach tan rew,
a'th safn yn llydan agored,
wedi sefyll,
yn ystum rhyw chwerthin chwith –
fel pedfai digrif gennyt ti
dy dynged, wedi dianc yn dy dro
rhag miloedd safnau'r môr,
dy ddal gan bryfyn tir,
a'th dreisio di i'th drwsio â dail, mor dwt,

Welsh	English	Welsh	English
saig	*meal*	fel pedfai digrif	*as if you found*
dysgl	*dish*	gennyt ti dy	*your fate*
gweddill	*remainder*	dynged	*amusing*
cegau	*mouths*	dianc	*to escape*
marw	*dead*	yn dy dro	*in your time*
oddi tan	*beneath*	rhag miloedd	*from the sea's*
gwelw	*pale*	safnau'r môr	*thousands of mouths*
megis merbwll	*like a stagnant*	dy ddal	*to be caught*
	pool	pryfyn	*worm*
rhew	*ice*	tir	*land*
safn	*mouth*	treisio	*to violate*
llydan agored	*wide open*	trwsio	*to dress*
ystum	*shape*	dail	*leaves*
rhyw chwerthin	*some lop-sided*	mor dwt	*so neatly*
chwith	*laugh*		

wrth grefft y cogydd coeth
i blesio blys y safn a'r dannedd gosod,
a'r llygaid, hwythau tan eu gwydrau gwneud,
a fyn bob saig y sydd o dir a môr,
cyn mynd yn saig ei hun i bryfed llai.
Ac onid digrif hynny?
Diau. Chwardd.

T. Gwynn Jones, Y Dwymyn, Aberystwyth, 1944

---

crefft	*craft*	y sydd	*there is*
cogydd coeth	*refined cook*	pryfed llai	*smaller worms*
plesio	*to please*	onid digrif	*isn't that*
blys	*craving*	hynny?	*amusing?*
dannedd gosod	*false teeth*	diau	*doubtless*
gwydrau gwneud	*manufactured glasses*	chwardd	*laugh*
a fyn	*that want(s)*		

MYND

Mynd y mae'r amser, meddi; nage, ddyn,
Nid amser sydd yn mynd, ond ti dy hun.

Thomas Jacob Thomas (Sarnicol), *Catiau Cwta*, Llandybïe, 1940

YR UN PETH SICR

Angau yw'r un peth sicr yn y byd,
Er hyn pan ddaw, ein synnu a gawn i gyd.

Thomas Jacob Thomas (Sarnicol), *Catiau Cwta*, Llandybïe, 1940

---

meddi	*you say*	er hyn	*in spite of this*
ti dy hun	*you yourself*	ein synnu a gawn	*we are all*
peth sicr	*sure thing*	i gyd	*astonished*
angau	*death*		

5

IAITH FY MAM

"Cymraeg yw'ch iaith chwi, ond Dadi pam
'Rych chwi yn ei galw yn Iaith fy Mam?"
"Am fod dy fam, mae'n debyg, Johnny,
Yn siarad llawer mwy ohoni".

Thomas Jacob Thomas (Sarnicol), *Blodau Drain Duon,* Llandysul, 1936

DIM OND MASNACHWR

Mewn gair ac mewn gweithred
Mae'n hynod o chwim;
Mae'n gwybod pris popeth
Heb wybod gwerth dim.

Thomas Jacob Thomas (Sarnicol), *Blodau Drain Duon,* Llandysul, 1936

---

galw	*to call*	gweithred	*action, deed*
mae'n debyg	*it is likely*	hynod	*remarkably*
ohoni	*of it*	chwim	*swift*
masnachwr	*trader, merchant*	gwerth	*value*
gair	*word*		

MELIN TRE-FIN

Nid yw'r felin heno'n malu
  Yn Nhre-fin ym min y môr,
Trodd y merlyn olaf adre'
  Dan ei bwn o drothwy'r ddôr,
Ac mae'r rhod fu gynt yn rhygnu
  Ac yn chwyrnu drwy y fro,
Er pan farw'r hen felinydd,
  Wedi rhoi ei holaf dro.

Rhed y ffrwd garedig eto
  Gyda thalcen noeth y tŷ,
Ond 'ddaw neb i'r fâl â'i farlys,
  A'r hen olwyn fawr ni thry;
Lle dôi gwenith gwyn Llanrhiain
  Derfyn haf yn llwythi cras,
Ni cheir mwy ond tres o wymon
  Gydag ambell frwynen las.

---

melin Tre-fin	*mill*	olaf dro	*final turn / rotation*
	Pentref yng	rhed	*flows*
	ngorllewin	ffrwd	*stream*
	Sir Benfro	talcen tŷ	*gable-end*
malu	*to grind*	mâl	melin
ym min	*beside*	barlys	*barley*
trodd	*turned*	olwyn	*wheel*
merlyn	*pony*	ni thry	dydy hi ddim yn troi
pwn	*load*	lle dôi gwenith	ble byddai gwenith
trothwy	*threshold*	gwyn Llanrhiain	*(wheat)* Llanrhiain
dôr	drws		yn dod
rhod	*wheel*	terfyn	diwedd
rhygnu	*to grate*	llwythi	*loads*
chwyrnu	*to growl*	cras	*dry, parched*
bro	*neighbourhood*	tres o wymon	*tress of seaweed*
melinydd	*miller*	brwynen las	*green rush*

Segur faen sy'n gwylio'r fangre
Yn y curlaw mawr a'r gwynt,
Dilythyren garreg goffa
O'r amseroedd difyr gynt;
Ond 'does yma neb yn malu,
Namyn amser swrth a'r hin
Wrthi'n chwalu ac yn malu,
Malu'r felin yn Nhre-fin.

W. Crwys Williams (Crwys), *Cerddi Crwys*, Wrecsam, 1926

segur faen	*idle stone*	difyr	*pleasant, joyous*
gwylio	*to watch*	gynt	*in times past*
mangre	*place, location, site*	namyn	dim ond
curlaw	*pelting rain*	swrth	*inert*
dilythyren	*uninscribed*	hin	*weather*
carreg goffa	*memorial stone*	chwalu	*to demolish*

Y BORDER BACH

Gydag ymyl troedffordd gul
  A rannai'r ardd yn ddwy,
'Roedd gan fy mam ei border bach
  O flodau perta'r plwy'.

Gwreiddyn bach gan hwn-a-hon
  Yn awr ac yn y man,
Fel yna'n ddigon syml y daeth
  Yr Eden fach i'w rhan.

A rhywfodd, byddai lwc bob tro,
  Ni wn i ddim paham,
Ond taerai 'nhad na fethodd dim
  A blannodd llaw fy mam.

---

gydag ymyl	*by the side of*	hwn-a-hon	*this person and the*
troedffordd	*footpath*		*other*
cul	*narrow*	yn awr ac yn	*now and then*
a rannai	*which divided*	y man	
blodau	*flowers*	daeth ... i'w rhan	*she acquired ...*
perta	*prettiest*	rhywfodd	*somehow*
plwy'	*parish*	bob tro	*every time*
gwreiddyn	*root*	taerai	*insisted*
		plannodd	*planted*

Blodau syml pobol dlawd
Oeddynt, bron bob un,
A'r llysiau tirf a berchid am
Eu lles yn fwy na'u llun.

Dacw nhw: y lili fach,
Mint a theim a mwsg,
Y safri fach a'r lafant pêr,
A llwyn o focs ynghwsg;

Dwy neu dair briallen ffel,
A daffodil, bid siŵr,
A'r cyfan yn y border bach
Yng ngofal rhyw 'hen ŵr'.

---

tlawd	*poor*	mwsg	*musk*
oeddynt	*oedden nhw*	safri	*savory*
tirf	*fresh*	lafant	*lavender*
perchid	a fyddai'n cael eu	pêr	*sweet-smelling*
	parchu: *which were*	llwyn o focs	*box bush*
	respected	ynghwsg	yn cysgu
lles	*benefit*	briallen	*primrose*
llun	*appearance*	ffel	*dear, sagacious*
dacw nhw	*there they are*	bid siŵr	*of course*
lili fach	lili wen fach: *snowdrops*	gofal	*care*
teim	*thyme*	hen ŵr	*southernwood*

Dyna nhw'r gwerinaidd lu,
    Heb un yn gwadu'i ach,
A gwelais wenyn gerddi'r plas
    Ym mlodau'r border bach.

O bellter byd 'rwy'n dod o hyd
    I'w gweld dan haul a gwlith,
A briw i'm bron fu cael pwy ddydd
    Heb gennad yn eu plith, –

Hen estron gwyllt o ddant y llew,
    Â dirmyg lond ei wên,
Sut gwyddai'r hen droseddwr hy
    Fod mam yn mynd yn hen?

W. Crwys Williams (Crwys), *Cerddi Crwys*, Wrecsam, 1926

gwerinaidd	*plebeian, humble, common*	pwy ddydd	*the other day*
llu	*host, multitude*	cennad	*permission, consent*
gwadu	*to deny / disown*	plith	*midst*
ach	*lineage, pedigree*	estron	*foreigner, alien, stranger*
gwenyn	*bees*		
plas	*mansion, country house*	gwyllt	*wild*
		dant y llew	*dandelion*
pellter byd	*distant places of the world*	dirmyg	*contempt, scorn*
		llond	*full*
		gwên	*smile*
o hyd	*still*	gwyddai	roedd yn gwybod
gwlith	*dew*	troseddwr	*transgressor, criminal*
briw	*wound, injury, bruise*	hy	*bold*
bron	*bosom, breast*		

11

DYSGUB Y DAIL

Gwynt yr hydref ruai neithiwr,
Crynai'r dref i'w sail,
Ac mae'r henwr wrthi'n fore'n
'Sgubo'r dail.

Yn ei blyg uwchben ei sgubell
Cerdd yn grwm a blin,
Megis deilen grin yn ymlid
Deilen grin.

Pentwr arall; yna gorffwys
Ennyd ar yn ail;
Hydref eto, a bydd yntau
Gyda'r dail.

W. Crwys Williams (Crwys), *Cerddi Newydd Crwys*, Wrecsam, 1924

---

dysgub	*to sweep*	crwm	*crooked*
rhuai	*was howling*	blin	*weary*
crynai	*was trembling*	deilen grin	*withered leaf*
sail	*foundation*	ymlid	*to pursue*
'sgubo	*to sweep*	pentwr	*heap*
yn ei blyg	*stooping*	ennyd	*moment*
sgubell	*broom*	ar yn ail	*alternately*
cerdd	mae e'n cerdded		

12

Y PREN CRIN

Nid oes un pren mor grin na fyn aderyn
    Ganu'n ei frigau pan ddaw'r haul i'r fro,
Na gwraidd mor grin na rydd y nant ddiferyn
    O'i dyfroedd i feddalu ei wely gro,
A chlywir murmur gwenyn rhwng y cangau
    Wedi i'r ddeilen olaf syrthio i'r llawr;
Ni chofia'r awel am weddillion angau
    Pan chwyth drwy'r brigau noethlwm gyda'r wawr.

---

pren	*tree, wood*	gro	*gravel*
na fyn aderyn	nad oes aderyn	clywir	*is heard*
ganu	eisiau canu	cangau	*boughs*
brigau	*branches*	syrthio	*to fall*
gwraidd	*roots*	awel	*breeze*
na rydd y nant	nad yw'r nant yn rhoi	gweddillion	*remains*
nant	*brook, stream*	chwyth	*it blows*
diferyn	*drop*	noethlwm	*naked*
dyfroedd	*waters*	gwawr	*dawn*
meddalu	*to soften*		

'Rwyf innau'n hen a musgrell ar y dalar,
A hwyl y bore wedi cilio'n llwyr,
Y ddaear wedi troi yn ddyffryn galar,
    Ac ym mhob breuddwyd hunllef drom yr hwyr:
Weithiau daw cân mor bêr â dafnau gwin
I ganu gobaith rhwng y cangau crin.

T. E. Nicholas, *'Rwy'n Gweld o Bell*, Abertawe, 1963

musgrell	*feeble, decrepit*	breuddwyd	*dream*
talar	*headland*, h.y. tynnu at	hunllef	*nightmare*
	ddiwedd bywyd	drom	*heavy*
cilio	*to retreat*	pêr	*sweet*
yn llwyr	*completely*	dafnau	*drops*
dyffryn	*vale, valley*	gwin	*wine*
galar	*mourning, grief*		

14

MAE'R BYD YN FWY NA CHYMRU

I mi, bu Cymru unwaith
   Yn llawer mwy na'r byd,
Ni wyddwn y pryd hwnnw ddim
   Am led y byd a'i hyd.
Wrth faint fy nghariad ati
   Mesurwn Gymru fad,
Fe'i crëwyd hi, debygwn i,
   I gynnwys gardd fy nhad.

Meddyliwn fod y nefoedd
   A'i llenni gleision, heirdd,
Yn pwyso ar ysgwyddau tal
   Mynyddoedd gwlad y beirdd,
A chredwn i yn blentyn
   Mai eiddo Cymru wen
Oedd yr enfysau seithliw, cain,
   A blygai uwch fy mhen.

byd	*world*	llenni gleision	*blue curtains*
bu	*buodd*	heirdd	*beautiful*
y pryd hwnnw	*at that time*	pwyso	*to weigh*
lled	*width*	ysgwyddau	*shoulders*
hyd	*length*	beirdd	*poets*
wrth faint	*by the depth*	eiddo	*property*
mesurwn	*I would measure*	gwen	*blessed*
mad	*da*	enfysau	*rainbows*
crëwyd	*was created*	seithliw	*seven-coloured*
tebygwn i	*I thought*	cain	*elegant*
cynnwys	*to include*	plygai	*arched*
nefoedd	*heaven*		

Mae wedi newid heddiw,
    Caraf y byd o'r bron,
Ond nid oes llai o le i'm gwlad
    Er hynny, yn fy mron.
Mae'r byd yn fwy na Chymru,
    'R wy'n gwybod hynny'n awr,
A diolch fod hen Gymru fach
    Yn rhan o fyd mor fawr.

T. E. Nicholas, *'Rwy'n Gweld o Bell,* Abertawe, 1963

| o'r bron | *completely* | er hynny | *for all that, nevertheless* |
| llai | *less* | rhan | *part* |

Y BLODAU MELYN

A minnau'n blentyn pumlwydd
　Ar erwau'r tyddyn hen,
Fe dyfai'r blodau melyn
　Nes cyrraedd at fy ngên.

Ymhen rhyw deirblwydd wedyn
　A'm rhodiad megis dyn,
Fe dyfai'r blodau melyn
　Nes cyrraedd at fy nghlun.

Mor bitw'r blodau heddiw,
　A'r byd, O! mor aflêr;
Prin y mae'r blodau heddiw
　Yn cyrraedd at fy ffêr.

Na hidier: pan ddêl troeon
　Y byd i gyd i ben,
Pryd hynny bydd y blodau
　Yn chwifio uwch fy mhen.

I. D. Hooson, *Y Gwin a Cherddi Eraill*, Dinbych, 1948

---

blodau melyn	*buttercups*	aflêr	*untidy*
pumlwydd	*five years old*	ffêr (GC)	*ankle*
erwau	*acres*	na hidier	*not to worry*
tyddyn	*croft*	pan ddêl	pan ddaw
tyfai	*grew*	troeon y byd	*the ups and downs*
cyrraedd	*to reach*		*of life*
gên	*chin, jaw*	i ben	*to an end*
teirblwydd	*three years*	pryd hynny	*then*
rhodiad	*walk*	chwifio	*to sway*
clun	*thigh*	uwch	*above*
pitw	*tiny*		

Y BRAIN

'R oedd miri bore heddiw
Ym mrigau coed y plas,
A chlywais wrth fynd heibio
Y brain â'u lleisiau cras
Yn galw ar ei gilydd,
A rhai yn dadlau'n gas.

A chofiais am y fintai
A ddeuai ar ei hynt
I'n pentre ddechrau gwanwyn,
I ffeiriau'r dyddiau gynt,
A'i thwrw mawr yn gymysg
Â sŵn y glaw a'r gwynt.

A gwyddwn fore heddiw
Wrth wrando yn y glaw
Ar sŵn y fintai gyntaf
A glebrai mor ddi-daw
Fod mintai fawr y Gwanwyn
A'i charafan gerllaw.

I. D. Hooson, *Y Gwin a Cherddi Eraill*, Dinbych, 1948

brain	*crows*	gwanwyn	*spring*
miri	*high jinks*	ffeiriau	*fairs*
cras	*harsh*	twrw	*noise*
dadlau	*to argue*	cymysg	*mingled*
mintai	*crowd*	clebrai	*chattered*
a ddeuai	*that would come*	di-daw	*ceaselessly*
ar ei hynt	*on its journey*	gerllaw	*nearby*

18

Y TRYSOR

Cwsg, O! cwsg, fy mhlentyn,
  Yn fy mreichiau clyd;
Nid oes a'n gwahana
  Heno drwy y byd.

Fe ddaw rhywun heibio
  Rywdro, ac a fynn
Ddwyn f'anwylyd ymaith,
  Gwn, o'm breichiau tyn.

Amser, yr Ysbeiliwr,
  Antur fawr, neu Serch,
Hud rhyw fro bellennig,
  Llygaid dengar merch.

---

trysor	*treasure*	ymaith	*away*
cwsg	*sleep*	gwn	*I know*
clyd	*cosy, snug*	tyn	*tight*
nid oes a'n gwahana	*nobody can part us*	ysbeiliwr	*spoiler, robber*
		antur	*adventure*
rhywdro	*sometime*	serch	*love, romance*
a fynn	*who will insist*	hud	*enchantment*
dwyn	*to steal, take*	bro bellennig	*distant, remote land*
f'anwylyd	*my darling*	dengar	*alluring, enticing*

Gwŷr a meirch y Brenin
Ar eu ffordd i'r gad;
Tithau'n mynd i'w dilyn
Fel yr aeth dy dad.

Rhywdro ... ond nid heno;
Cwsg, fy mhlentyn gwyn,
Ni chei grwydro heno
Gam o'm breichiau tyn.

I. D. Hooson, *Cerddi a Baledi,* Dinbych, 1936

gwŷr	*men*	dilyn	*to follow*
meirch	*horses, stallions*	gwyn	*blessed*
brenin	*king*	crwydro	*to wander*
cad	*war*	cam	*step, pace*

20

DAFFODIL

Fe'th welais di ar lawnt y plas;
  A gwyntoedd Mawrth yn oer eu min;
Ar feysydd llwyd a gweirglodd las,
  Ac awel Ebrill fel y gwin;
Ni welwyd un erioed mor llon,
  Â'th fantell werdd a'th euraid rudd,
Yn dawnsio yn y gwynt a'r glaw
  I bibau pêr rhyw gerddor cudd.

Fe'th welais di mewn llestr pridd
  Ar ffawydd fwrdd gwerinwr tlawd;
Mewn ffiol ddrud o risial pur
  Yn neuadd wych y da ei ffawd;
Ond ofer yno bob rhyw gerdd,
  Ni ddawnsit mwy; ac ar dy rudd
'R oedd hiraeth am y gwynt a'r glaw,
  A phibau pêr y cerddor cudd.

I. D. Hooson, *Cerddi a Baledi*, Dinbych, 1936

lawnt	*lawn*	ffawydd fwrdd	*beech table*
min	*edge*	gwerinwr	*common man, peasant*
meysydd	*fields*	ffiol	*vase*
gweirglodd las	*green meadow*	grisial pur	*pure crystal*
llon	hapus	neuadd	*hall*
mantell werdd	*green mantle / cloak*	gwych	*grand, magnificent*
euraid rudd	*golden cheek*	ffawd	*fate, fortune*
pibau pêr	*sweet pipes*	ofer	*futile, worthless*
cerddor	*musician*	cerdd	*song, music*
cudd	*hidden, concealed*	ni ddawnsit	doeddet ti ddim yn
llestr pridd	*earthen pot,*		dawnsio
	earthenware	mwy	*any more*

Y GORWEL

Wele rith fel ymyl rhod – o'n cwmpas,
Campwaith dewin hynod;
Hen linell bell nad yw'n bod,
Hen derfyn nad yw'n darfod.

David Emrys James (Dewi Emrys), *Wedi Storom*, Llandysul, 1965

---

gorwel	*horizon*	dewin	*wizard, sorcerer*
wele	*behold*	hynod	*notable, remarkable*
rhith	*mirage*	pell	*distant*
ymyl rhod	*rim of a wheel*	nad yw'n bod	*that does not exist*
o'n cwmpas	*about us*	terfyn	*boundary*
campwaith	*masterpiece*	darfod	*to end*

Y LLWYNOG

Ganllath o gopa'r mynydd, pan oedd clych
    Eglwysi'r llethrau'n gwahodd tua'r llan,
Ac anhreuliedig haul Gorffennaf gwych
    Yn gwahodd tua'r mynydd, – yn y fan,
Ar ddiarwybod droed a distaw duth,
    Llwybreiddiodd ei ryfeddod prin o'n blaen;
Ninnau heb ysgog a heb ynom chwyth
    Barlyswyd ennyd; megis trindod faen

llwynog	*fox*	yn y fan	*there and then*
canllath	can llath: *hundred*	diarwybod	*unaware*
	yards	distaw	*soundless*
copa	*summit*	tuth	*trot*
clych	*bells*	llwybreiddiodd	*made its way*
eglwysi	*churches*	rhyfeddod	*wonder, marvel*
llethrau	*slopes*	prin	*rare*
gwahodd	*to invite*	o'n blaen	*before us*
tua'r llan	*towards the parish*	heb ysgog	*motionless*
anhreuliedig haul	*unspent sun*	ynom	*within us*
gwych	*magnificent,*	chwyth	*breath*
gorgeous		parlyswyd	*were paralysed*
mynydd	*mountain*	trindod faen	*trinity in stone*

Y safem, pan ar ganol diofal gam
Syfrdan y safodd yntau, ac uwchlaw
Ei untroed oediog dwy sefydlog fflam
Ei lygaid arnom. Yna heb frys na braw
Llithrodd ei flewyn cringoch dros y grib;
Digwyddodd, darfu, megis seren wib.

R. Williams Parry, *Yr Haf a Cherddi Eraill,* Y Bala, 1924

safem	*we stood*	braw	*fright*
diofal gam	*careless stride*	llithrodd	*slipped*
syfrdan	*stunned*	blewyn cringoch	*russet fur*
uwchlaw	*above*	crib	*ridge*
untroed oediog	*single poised paw*	digwyddodd	*it happened*
sefydlog	*fixed*	darfu	*it was over*
fflam	*flame*	seren wib	*shooting star*
arnom	*upon us*		
brys	*haste*		

HEDD WYN

Y bardd trwm dan bridd tramor, – y dwylaw
    Na ddidolir rhagor:
Y llygaid dwys dan ddwys ddôr,
Y llygaid na all agor.

Wedi ei fyw y mae dy fywyd, – dy rawd
    Wedi ei rhedeg hefyd;
Daeth awr i fynd i'th weryd,
A daeth i ben deithio byd.

Hedd Wyn   Ellis Humphrey Evans (1887-1917). Cafodd ei eni yn Nhrawsfynydd, Gwynedd. Ar ôl gadael yr ysgol, gweithiodd gartre ar y fferm. Roedd yn hoffi cystadlu (*compete*) mewn eisteddfodau a daeth yn enwog yn ei ardal (*locality*) fel bardd (*poet*). Ar ddechrau 1917, ymunodd â 15fed Bataliwn y Ffiwsilwyr Cymreig (*15th Battalion of the Royal Welch Fusiliers*), ac ar 31 Gorffennaf y flwyddyn honno, cafodd ei ladd ym Mrwydr (*Battle*) Pilken Ridge. Yn Eisteddfod Genedlaethol Penbedw (*Birkenhead*) ym mis Medi yr un flwyddyn, dyfarnwyd (*was awarded*) y Gadair i'w awdl (*a long poem in the traditional metres*). Pan gyhoeddwyd (*it was announced*) yn yr Eisteddfod fod y bardd wedi ei ladd (*killed*) yn y rhyfel (*war*), gorchuddiwyd y gadair ag amwisg ddu (*the chair was draped in black*).

Cafodd ffilm ei gwneud yn 1992 yn adrodd hanes Hedd Wyn. Enillodd y ffilm nifer o wobrau rhyngwladol (*international awards*) ac fe'i henwebwyd (*it was nominated*) am Oscar yn 1993.

trwm	*sad*	dôr	*lid, cover*
pridd	*soil, earth*	na all	*that cannot*
tramor	*foreign*	wedi ei fyw	*has been lived*
dwylaw	*hands*	bywyd	*life*
na ddidolir rhagor	*that cannot be unclasped any longer*	rhawd	*course*
		gweryd	*grave*
		daeth i ben	*came to an end*
dwys	*solemn*	teithio	*to travel*
dwys	*heavy, solid*		

25

Tyner yw'r lleuad heno – tros fawnog
Trawsfynydd yn dringo;
Tithau'n drist a than dy ro
Ger y ffos ddu'n gorffwyso.

Trawsfynydd! Tros ei feini – trafaeliaist
Ar foelydd Eryri;
Troedio wnest ei rhedyn hi,
Hunaist ymhell ohoni.

R. Williams Parry, *Yr Haf a Cherddi Eraill*, Y Bala, 1924

---

tyner	*tender, gentle*	meini	*rocks*
lleuad	*moon*	trafaeliaist	*you travelled*
mawnog	*peat-bog*	moelydd	*bare summits*
dringo	*to climb*	Eryri	*Snowdonia*
trist	*sad*	troedio	*to trample*
gro	*gravel*	rhedyn	*bracken*
ffos	*trench*	hunaist	*you died*
gorffwyso	*to rest*	ymhell	*far away*

26

Rhyfel

Gwae fi fy myw mewn oes mor ddreng,
A Duw ar drai ar orwel pell;
O'i ôl mae dyn, yn deyrn a gwreng,
Yn codi ei awdurdod hell.

Pan deimlodd fyned ymaith Dduw
Cyfododd gledd i ladd ei frawd;
Mae sŵn yr ymladd ar ein clyw,
A'i gysgod ar fythynnod tlawd.

Mae'r hen delynau genid gynt
Ynghrog ar gangau'r helyg draw,
A gwaedd y bechgyn lond y gwynt,
A'u gwaed yn gymysg efo'r glaw.

Ellis H. Evans (Hedd Wyn),
Cerddi'r Bugail, argraffiad newydd, Llandybïe, 1994

---

gwae fi	*woe to me*	cysgod	*shadow*
fy myw	*fy mod i'n byw*	bythynnod	*cottages*
oes	*age*	telynau	*harps*
dreng	*gloomy*	cenid	a oedd yn cael eu
ar drai	*ebbing*		canu: *which were*
o'i ôl	*behind him,* h.y.		*played*
	replacing him	ynghrog	*hanging*
teyrn	*sovereign*	cangau	*branches*
gwreng	*commoner*	helyg	*willows*
awdurdod hell	*hideous authority*	draw	*there, yonder*
teimlodd fyned	*he felt that God*	gwaedd	*shout, cry*
ymaith Dduw	*had gone away*	llond y gwynt	*fills the wind*
cyfododd gledd	*he raised a sword*	gwaed	*blood*
lladd	*to kill*	cymysg	*mixed*
ymladd	*fighting*	efo (GC)	*gyda: with*
ar ein clyw	*in our ears*		

TŶ'R YSGOL

Mae'r cyrn yn mygu er pob awel groes,
A rhywun yno weithiau'n sgubo'r llawr
Ac agor y ffenestri, er nad oes
Neb yno'n byw ar ôl y chwalfa fawr;
Dim ond am fis o wyliau, mwy neu lai,
Yn Awst, er mwyn cael seibiant bach o'r dre
A throi o gwmpas dipyn, nes bod rhai
Yn synnu'n gweld yn symud hyd y lle;
A phawb yn holi beth sy'n peri o hyd
I ni, sydd wedi colli tad a mam,
Gadw'r hen le, a ninnau hyd y byd, –
Ond felly y mae-hi, ac ni wn paham,
Onid rhag ofn i'r ddau sydd yn y gro
Synhwyro rywsut fod y drws ynghlo.

T. H. Parry-Williams, *Cerddi,* Llandysul, 1931

Tŷ'r Ysgol	Yn y tŷ hwn ym mhentref Rhyd-ddu wrth droed yr Wyddfa *(Snowdon)* y cafodd T. H. Parry-Williams (1887-1975) ei eni. Ysgrifennodd lawer o gerddi *(poems)* ac ysgrifau *(essays)* i'r fro hon yng Ngwynedd.		

cyrn	*chimneys*	hyd y lle	*around the place*
mygu	*to smoke*	peri	*to cause*
awel groes	*ill wind*	hyd y byd	*far and wide*
sgubo	*to sweep*	felly y mae-hi	*that's how it is*
chwalfa	*dispersal, upheaval*	onid	*is it not*
mwy neu lai	*more or less*	gro	*gravel, h.y. grave*
seibiant	*respite, pause*	synhwyro	*to sense*
troi o gwmpas	*to potter*	ynghlo	*locked*
synnu'n gweld	*surprised to see us*		

28

Y DIWEDD

(Angladd ar y môr)

Aeth henwr heno rywbryd tua saith
I ddiwedd ei siwrnai cyn pen y daith.

Gwasanaeth, gweddi, sblais ar y dŵr,
A phlanciau gweigion lle'r oedd yr hen ŵr.

Daeth fflach o oleudy Ushant ar y dde,
A Seren yr Hwyr i orllewin y ne',

A rhyngddynt fe aeth hen ŵr at ei Iôr
Mewn sachlen wrth haearn trwy waelod y môr.

Y Sianel, *Medi, 1925*

T. H. Parry-Williams, *Cerddi*, Llandysul, 1931

diwedd	*finale*	fflach	*flash*
angladd ar y môr	*burial at sea*	goleudy	*lighthouse*
henwr	*old man*	Seren yr Hwyr	*Evening Star*
siwrnai	*journey*	gorllewin y ne'	*western sky*
cyn pen y daith	*before the end of*	rhyngddynt	*between them*
	the voyage	Iôr	*Lord*
gwasanaeth	*service*	sachlen	*sackcloth*
gweddi	*prayer*	haearn	*iron*
sblais	*splash*	sianel	*channel*
planciau gweigion	*empty planks*		

29

AR Y DEC

Aeth lleian heibio, a'i gwregys a droes,
A gwelais ei Christ yn hongian ar groes –

Crist metel wrth ei phaderau hi
Yn hongian, wrth ddolen, ar Galfari;

A Chrëwr y môr, fel ninnau bob un,
Yn ysgwyd ar ymchwydd Ei gefnfor Ei Hun.

T. H. Parry-Williams, Cerddi, Llandysul, 1931

dec	*deck*	wrth ddolen	*from a loop, link*
lleian	*nun*	Calfari	*Calvary*
gwregys	*belt*	Crëwr	*Creator*
troes	*turned*	ysgwyd	*to sway*
hongian	*to hang*	ymchwydd	*surge, swell*
croes	*cross*	cefnfor	*ocean*
paderau	*rosary*		

BRO

Fe ddaw crawc y gigfran o glogwyn y Pendist Mawr
Ar lepen yr Wyddfa pan gwffiwyf ag Angau Gawr.

Fe ddaw cri o Nant y Betws a Drws-y-Coed
Ac o Bont Cae'r-gors pan gyhoeddir canlyniad yr oed.

Fe ddaw craith ar wyneb Llyn Cwellyn, ac ar Lyn
Y Gadair hefyd daw crych na bu yno cyn hyn.

Fe ddaw crac i dalcen Tŷ'r Ysgol ar fin y lôn
Pan grybwyllir y newydd yng nghlust y teliffôn.

Fe ddaw cric i gyhyrau Eryri, ac i li
Afon Gwyrfai daw cramp fy marwolaeth i.

Nid creu balchderau mo hyn gan un-o'i-go',-
Mae darnau ohonof ar wasgar hyd y fro.

T. H. Parry-Williams, *Myfyrdodau,* Aberystwyth, 1957

---

bro	*locality*	min y lôn	*by the side of the*
crawc y gigfran	*croak of the raven*		*road*
clogwyn	*cliff*	crybwyllir	*is mentioned*
ar lepen yr Wyddfa	*on the slopes of*	newydd	*news*
	Snowdon	cyhyrau	*muscles*
cwffiwyf	*I fight*	lli	*flow*
Angau Gawr	*Giant Death*	marwolaeth	*death*
cri	*cry, lament*	creu	*to create*
cyhoeddir	*the verdict is*	balchderau	*pride, vanity*
canlyniad yr oed	*announced*	un-o'i-go'	*madman*
craith	*scar, crease*	darnau ohonof	*bits of me*
llyn	*lake*	ar wasgar	*scattered*
crych	*wrinkle*	hyd	*over*
na bu yno cyn hyn	*that wasn't there*		
	before		

31

HON

Beth yw'r ots gennyf i am Gymru? Damwain a hap
Yw fy mod yn ei libart yn byw. Nid yw hon ar fap

Yn ddim byd ond cilcyn o ddaear mewn cilfach gefn,
Ac yn dipyn o boendod i'r rhai sy'n credu mewn trefn.

A phwy sy'n trigo'n y fangre, dwedwch i mi,
Pwy ond gwehilion o boblach ? Peidiwch, da chwi,

Â chlegar am uned a chenedl a gwlad o hyd:
Mae digon o'r rhain, heb Gymru, i'w cael yn y byd.

'Rwyf wedi alaru ers talm ar glywed grŵn
Y Cymry, bondigrybwyll, yn cadw sŵn.

Mi af am dro, i osgoi eu lleferydd a'u llên,
Yn ôl i'm cynefin gynt, a'm dychymyg yn drên.

---

ots	*care*	da chwi	*I beg of you*
damwain	*accident*	clegar	*to cackle*
hap	*chance*	uned	*unity*
libart	*territory, domain*	alaru ar	*to tire / have enough of*
cilcyn	*remnant, fragment*	ers talm	*long since*
cilfach	*nook, recess, corner*	grŵn	*groan*
poendod	*nuisance*	bondigrybwyll	*unspeakable*
trefn	*order*	osgoi	*to avoid*
trigo (GC)	byw	lleferydd	*speech, utterance*
mangre	*place*	llên	*literature*
gwehilion	*dregs, riff-raff*	cynefin	*habitat*
poblach	*low or common people, hoi polloi*	dychymyg	*imagination*

A dyma fi yno. Diolch am fod ar goll
Ymhell o gyffro geiriau'r eithafwyr oll.

Dyma'r Wyddfa a'i chriw; dyma lymder a moelni'r tir;
Dyma'r llyn a'r afon a'r clogwyn; ac, ar fy ngwir,

Dacw'r tŷ lle'm ganed. Ond wele, rhwng llawr a ne'
Mae lleisiau a drychiolaethau ar hyd y lle.

'Rwy'n dechrau simsanu braidd; ac meddaf i chwi,
Mae rhyw ysictod fel petai'n dod drosof i;

Ac mi glywaf grafangau Cymru'n dirdynnu fy mron.
Duw a'm gwaredo, ni allaf ddianc rhag hon.

T. H. Parry-Williams, Ugain o Gerddi, Llandysul, 1949

ar goll	*lost*	simsanu	*to waver*
eithafwyr oll	*all extremists*	braidd	*ychydig*
llymder	*bareness*	meddaf	*I say*
moelni	*baldness*	ysictod	*weakness*
ar fy ngwir	*honestly*	crafangau	*claws*
lle'm ganed	*where I was born*	dirdynnu	*to torture*
wele	*behold*	bron	*breast, heart*
ne'	*heaven*	Duw a'm gwaredo	*God preserve me*
drychiolaethau	*apparitions, phantoms*	dianc rhag	*to escape from*

ABERDARON

Pan fwyf yn hen a pharchus,
  Ag arian yn fy nghod,
A phob beirniadaeth drosodd
  A phawb yn canu 'nghlod,
Mi brynaf fwthyn unig
  Heb ddim o flaen ei ddôr
Ond creigiau Aberdaron
  A thonnau gwyllt y môr.

Pan fwyf yn hen a pharchus,
  A'm gwaed yn llifo'n oer,
A'm calon heb gyflymu
  Wrth wylied codi'r lloer;
Bydd gobaith im bryd hynny
  Mewn bwthyn sydd â'i ddôr
At greigiau Aberdaron,
  A thonnau gwyllt y môr.

Aberdaron	Pentref glan y môr	bwthyn	*cottage*
	(seaside) ym Mhen	unig	*lonely*
	Llŷn, Gwynedd	creigiau	*rocks*
bwyf	bydda i	tonnau	*waves*
parchus	*respectable, venerable*	llifo	*to flow*
cod	*purse*	cyflymu	*to quicken, accelerate*
beirniadaeth	*criticism*	gwylied	*to watch*
trosodd	*over*	lloer	lleuad
'nghlod	*my praises*	pryd hynny	*then*

34

Pan fwyf yn hen a pharchus
Tu hwnt i fawl a sen,
A'm cân yn ôl y patrwm
A'i hangerdd oll ar ben;
Bydd gobaith im bryd hynny
Mewn bwthyn sydd â'i ddôr
At greigiau Aberdaron
A thonnau gwyllt y môr.

Oblegid mi gaf yno
Yng nghri'r ystormus wynt
Adlais o'r hen wrthryfel
A wybu f'enaid gynt.
A chanaf â'r hen angerdd
Wrth syllu tua'r ddôr
Ar greigiau Aberdaron
A thonnau gwyllt y môr.

Albert Evans-Jones (Cynan), *Cerddi Cynan*, Lerpwl, 1959

tu hwnt	*beyond*	ystormus wynt	*stormy wind*
mawl	*praise*	adlais	*echo, reverberation*
sen	*rebuke, snub*	gwrthryfel	*rebellion*
cân	*song*	a wybu f'enaid	*which my soul*
yn ôl y patrwm	*the same as usual*		*experienced*
angerdd	*passion*	canaf	*I will sing*
oblegid	achos	syllu	*to gaze*

35

Y MEIRWON

Bydd dyn wedi troi'r hanner-cant yn gweld yn lled glir
Y bobl a'r cynefin a foldiodd ei fywyd e',
A'r rhaffau dur a'm deil dynnaf wrthynt hwy
Yw'r beddau mewn dwy fynwent yn un o bentrefi'r De.

Wrth yrru ar feisiglau wedi eu lladrata o'r sgrap
A chwarae Rygbi dros Gymru â phledrenni moch,
Ni freuddwydiais y cawn glywed am ddau o'r cyfoedion hyn
Yn chwydu eu hysgyfaint i fwced yn fudr goch.

Ein cymdogion, teulu o Ferthyr Tydfil oeddent hwy,
'Y Merthyron' oedd yr enw arnynt gennym ni,
Saethai peswch pump ohonynt, yn eu tro, dros berth yr ardd
I dorri ar ein hysgwrs ac i dywyllu ein sbri.

---

y meirwon	*the dead*	cawn glywed	*I would hear*
lled glir	*rather clearly*	cyfoedion	*contemporaries*
cynefin	*place, haunt*	chwydu	*vomiting*
moldiodd	*moulded*	ysgyfaint	*lungs*
rhaffau dur	*steel ropes*	bwced	*bucket*
a'm deil	*sy'n fy nal: that*	budr	*dirty*
	hold me	'Y Merthyron'	*'The Martyrs'*
tynnaf	*tightest*	saethai	*would shoot*
beddau	*graves*	peswch	*coughs*
mynwent	*cemetery*	yn eu tro	*in their turn*
De	*h.y. de Cymru*	perth	*hedge*
beisiglau	*bicycles*	tywyllu	*to darken*
lladrata	*to steal*	sbri	*fun*
pledrenni moch	*pigs' bladders*		

36

Sleifiem i'r parlyrau Beiblaidd i sbïo yn syn
Ar olosg o gnawd yn yr arch, ac ar ludw o lais;
Yno y dysgasom uwch cloriau wedi eu sgriwio cyn eu pryd
Golectau gwrthryfel coch a litanïau trais.

Nid yr angau a gerdd yn naturiol fel ceidwad cell
Â rhybudd yn sŵn cloncian ei allweddi llaith,
Ond y llewpart diwydiannol a naid yn sydyn slei,
O ganol dŵr a thân, ar wŷr wrth eu gwaith.

Yr angau hwteraidd: yr angau llychlyd, myglyd, meddw,
Yr angau â chanddo arswyd tynghedfen las;
Trôi tanchwa a llif-pwll ni yn anwariaid, dro,
Yn ymladd â phwerau catastroffig, cyntefig, cas.

sleifiem	bydden ni'n sleifio *(slink)*	llewpart diwydiannol	*industrial leopard*
parlyrau Beiblaidd	*Biblical parlours*	naid	*sy'n neidio*
sbïo	*to look*	slei	*stealthy*
yn syn	*astonished, amazed*	gwŷr	*men*
		wrth eu gwaith	*at their work*
golosg	*coke*	angau hwteraidd	*hootering death*
arch	*coffin*	llychlyd	*dusty*
lludw	*ash*	myglyd	*choking*
dysgasom	*we learned*	meddw	*drunken*
cloriau	*lids*	arswyd	*terror*
sgriwio	*to screw*	tynghedfen	*destiny*
cyn eu pryd	*before their time*	glas	*grey*
colectau	*collects*	tanchwa	*explosion*
litanïau trais	*litanies of violence*	llif-pwll	*flooded pit*
cerdd	*sy'n cerdded*	anwariaid	*savages*
ceidwad cell	*jailer*	tro	weithiau
rhybudd	*warning*	pwerau catastroffig	*catastrophic powers*
cloncian	*clanking*		
allweddi	*keys*	cyntefig	*primeval*
		cas	*odious*

37

Gwragedd dewrfud â llond dwrn o arian y gwaed,
A bwcedaid o angau yn atgo tan ddiwedd oes,
Yn cario glo, torri coed-tân a dodi'r ardd
Ac yn darllen yn amlach hanes dioddefaint Y Groes.

Gosodwn Ddydd Sul y Blodau ar eu beddau bwys
O rosynnau silicotig a lili mor welw â'r nwy,
A chasglu rhwng y cerrig annhymig a rhwng yr anaeddfed gwrb
Yr hen regfeydd a'r cableddau yn eu hangladdau hwy.

Diflannodd yr Wtopia oddi ar gopa Gellionnen,
Y ddynoliaeth haniaethol, y byd diddosbarth a di-ffin;
Ac nid oes a erys heddiw ar waelod y cof
Ond teulu a chymdogaeth, aberth a dioddefaint dyn.

D. James Jones (Gwenallt), Eples, Aberystwyth, 1951

---

gwragedd dewrfud	*brave, silent women*	nwy	*gas*
llond dwrn	*fistful*	annhymig	*premature*
bwcedaid	*bucketful*	anaeddfed gwrb	*unweathered kerb*
atgo	*reminder*	rhegfeydd	*swear-words*
coed-tân	*firewood*	cableddau	*blasphemies*
dodi'r ardd (DC)	*to plant / sow the garden*	angladdau	*funerals*
		diflannodd	*vanished*
amlach	*more often*	Wtopia	*Utopia*
dioddefaint	*suffering*	dynoliaeth	*humanity*
y Groes	*the Cross*	haniaethol	*abstract*
gosodwn	*we place*	diddosbarth	*classless*
Dydd Sul y Blodau	*Palm Sunday*	di-ffin	*frontierless*
pwys	*posy*	nid oes a erys	*nothing remains*
rhosynnau silicotig	*silicotic roses*	cymdogaeth	*neighbourhood*
gwelw	*pale*	aberth	*sacrifice*

RHYDCYMERAU

Plannwyd egin coed y trydydd rhyfel
Ar dir Esgeir-ceir a meysydd Tir-bach
Ger Rhydcymerau.

'Rwy'n cofio am fy mam-gu yn Esgeir-ceir
Yn eistedd wrth y tân ac yn pletio ei ffedog;
Croen ei hwyneb mor felynsych â llawysgrif Peniarth,
A'r Gymraeg ar ei gwefusau oedrannus yn Gymraeg
Pantycelyn.
Darn o Gymru Biwritanaidd y ganrif ddiwethaf ydoedd hi.

Rhydcymerau   Ardal amaethyddol (*agricultural*) yng ngogledd Sir Gaerfyrddin
lle roedd perthnasau (*relations*) i'r bardd yn byw. Byddai e'n
ymweld (*to visit*) â nhw yn aml a dyna pryd y daeth i gysylltiad
â'r diwylliant gwledig Cymreig (*Welsh rural culture*).

plannwyd	*were planted*	pletio	*to pleat*
egin	*shoots*	ffedog	*apron*
trydydd rhyfel	*third war*	melynsych	*yellow and sere*

llawysgrif Peniarth *Peniarth manuscript.* Dyma'r casgliad unigol (*single collection*)
pwysicaf o lawysgrifau Cymraeg. Cafodd ei llunio (*it was
formed*) gan Robert Vaughan o Hengwrt, Meirionnydd. Mae'n
cynnwys (*contains*) dros bum cant o lawysgrifau Cymraeg,
Saesneg, Lladin, Ffrangeg a Chernyweg (*Cornish*). Mae'r
casgliad bellach yn Llyfrgell Genedlaethol Cymru, Aberystwyth.

gwefusau   *aged lips*
oedrannus
Pantycelyn   Cartref William Williams (1717-1791), emynydd (*hymn-writer*),
bardd a llenor (*prose writer*). Mae'r tŷ ym mhlwyf Llanfair-ar-y-
bryn ger Llanymddyfri yn Sir Gaerfyrddin.

piwritanaidd   *puritan*

39

'Roedd fy nhad-cu, er na welais ef erioed,
Yn 'gymeriad' ; creadur bach, byw, dygn, herciog,
Ac yn hoff o'i beint;
Crwydryn o'r ddeunawfed ganrif ydoedd ef.
Codasant naw o blant,
Beirdd, blaenoriaid ac athrawon Ysgol Sul,
Arweinwyr yn eu cylchoedd bychain.

Fy Nwncwl Dafydd oedd yn ffermio Tir-bach,
Bardd gwlad a rhigymwr bro,
Ac yr oedd ei gân i'r ceiliog bach yn enwog yn y cylch:
"Y ceiliog bach yn crafu
Pen-hyn, pen-draw i'r ardd".
Ato ef yr awn ar wyliau haf
I fugeilio defaid ac i lunio llinellau cynghanedd,
Englynion a phenillion wyth llinell ar y mesur wyth-saith.

---

cymeriad	*character*	rhigymwr	*rhymester*
creadur	*creature*	ceiliog bach	*bantam cock*
dygn	*tough*	pen-hyn, pen-draw	*this end, that end*
herciog	*lame*	ato ef yr awn	*to him I would go*
crwydryn	*straggler*	bugeilio	*to shepherd*
codasant	*they raised*	llunio	*to form*
blaenoriaid	*deacons*	penillion	*stanzas*
cylchoedd bychain	*small circles,* h.y.	englynion	*alliterative stanzas*
	little localities	mesur wyth-saith	*eight-seven metre*
bardd gwlad	*folk poet*		

40

Cododd yntau wyth o blant,
A'r mab hynaf yn weinidog gyda'r Methodistiaid Calfinaidd,
Ac yr oedd yntau yn barddoni.
'R oedd yn ein tylwyth ni nythaid o feirdd.

Ac erbyn hyn nid oes yno ond coed,
A'u gwreiddiau haerllug yn sugno'r hen bridd:
Coed lle y bu cymdogaeth,
Fforest lle bu ffermydd,
Bratiaith Saeson y De lle bu barddoni a diwinydda,
Cyfarth cadnoid lle bu cri plant ac ŵyn.
Ac yn y tywyllwch yn ei chanol hi
Y mae ffau'r Minotawros Seisnig;
Ac ar golfenni, fel ar groesau,
Ysgerbydau beirdd, blaenoriaid, gweinidogion ac athrawon
                                                    Ysgol Sul
Yn gwynnu yn yr haul,
Ac yn cael eu golchi gan y glaw a'u sychu gan y gwynt.

---

gweinidog	*minister*	barddoni	*to compose poetry*
Methodistiaid	*Calvinistic*	diwinydda	*to theologise*
Calfinaidd	*Methodists*	cyfarth cadnoid	*foxes' barking*
tylwyth	*family*	ŵyn	*lambs*
nythaid	*nestful*	ffau	*den*
gwreiddiau haerllug	*impudent roots*	Minotawros Seisnig	*English Minotaur*
sugno	*to suck*	colfenni	*branches, trees*
pridd	*soil*	croesau	*crosses*
cymdogaeth	*neighbourhood*	ysgerbydau	*skeletons*
bratiaith	*debased, adulterated language*	gwynnu	*to whiten / bleach*

41

FFON SBWRIEL

Gwelais lun gŵr mewn gardd
yn cerdded ei llwybrau a'i gwelyau
a ffon sbwriel yn ei law'n
pigo papurach fan yma
ac yn codi papurach fan draw.

Roedd ei olwg i'r dim fel bardd
yn cerdded y strydoedd
a'i lygaid yn dal
ar liw ac osgo
siopau a fforddolion,
a'i ffon wedyn,
megis yn ddiarwybod iddo ei hun,
yn pigo delwedd fan hyn
ac yn codi delwedd fan acw,
ac yn llawn mor ddiarwybod
yn eu gosod o'r golwg
yn y sach ar ei gefn.

ffon sbwriel	*litter picking stick*	yn dal ar	*catching on,*
llun	*picture*		h.y. *noticing*
pigo	*to pick*	osgo	*attitude, conduct*
papurach	*waste paper*	fforddolion	*travellers*
fan yma	*here*	megis	fel: *as if*
fan draw	*there*	diarwybod	*unawares, unknown*
roedd ei olwg	*he looked*	delwedd	*image*
i'r dim	*exactly*	yn llawn mor ...	*just as ....*
bardd	*poet*	o'r golwg	*out of sight*
		sach	*sack*

Ei ddychymyg yn coelio,
mae'n rhaid,
ei fod wrthi yn ôl cyneddfau natur ei hun,
hithau'n cario lliwiau ac osgoadau
yn ei chwdyn,
a bod ei ffon sbwriel felly'n
gydymaith â hi
yn y gwaith
o gadw gardd.

Euros Bowen, *Achlysuron,* Llandysul, 1970

dychymyg	*imagination*	natur	*nature*
coelio	*to believe*	lliwiau	*colours*
wrthi	*at it*	osgoadau	*gestures, attitudes*
yn ôl	*according to*	cwdyn	*bag*
cyneddfau	*characteristics, attributes*	cydymaith	*companion*

TRIN Y GELFYDDYD

Rhyw bedwar oedd yno'n trin y gelfyddyd.

– Ddylai barddoniaeth ddim poeni
am ferched
a blodau
a phethau o'r fath
yn y byd sydd ohoni.

Dyna oedd barn ystyriol y critigyddion
wrth fwrdd y dafarn.

– Mae na amgenach pethau
i byncio amdanyn-nhw
yn y byd sydd ohoni, –
yr iaith yn ei henbydrwydd,
a thrybini'r byd,
ac ystyr bod a byw.

---

trin	*to discuss*	critigyddion	*critics*
celfyddyd	*art, craft, poetry*	amgenach pethau	*better things*
barddoniaeth	*poetry*	pyncio amdanyn	*to sing / write about*
poeni	*to bother*	nhw	
o'r fath	*of that sort*	enbydrwydd	*peril, distress,*
y byd sydd	*the world as it is*		*adversity*
ohoni		trybini	*trouble, misfortune*
barn	*opinion*	ystyr bod a byw	*meaning of*
ystyriol	*considered*		*existence*

Wedi i'r sgwrs droi'n glebran
am hyn a'r llall
yn nhroeon y rhod,
cafwyd fod un yn caru merch,
yr ail un yn tyfu rhosynnau,
ac roedd y trydydd yn taeru
fod y griafolen eleni'n
proffwydo
gaea caled.

Euros Bowen, Elfennau, Llandysul, 1972

sgwrs	*talk, conversation*	tyfu rhosynnau	*to grow roses*
clebran	*to chatter*	taeru	*to insist*
hyn a'r llall	*this and that*	criafolen	*mountain ash*
troeon y rhod	*ups and downs of life*	proffwydo	*to foretell*
cafwyd	*it became evident*		

Y LLYN LLONYDD

Llonydd fel lawnt dan heulwen,
fel tirlun tanfor.

Llonydd fel wybren ddigwmwl,
fel merch ynghwsg.

Llonydd fel yr awyr las,
fel brithyll yng nghysgod y dŵr dan y bont
yn stond.

Llonydd fel drych clir,
fel breuddwyd rhwng gobeithion.

Llonydd fel gweld o awyrblan
fforest ddofn
ac afon aur drwyddi.

Llonydd fel sguthan mewn myfyr ar grib y to,
fel adar drudwy'n gryno
rhwng deubost cêbl trydan.

---

llonydd	*still*	breuddwyd	*dream*
heulwen	*sunshine*	awyrblan	*aeroplane*
tirlun	*landscape*	fforest ddofn	*deep forest*
tanfor	*submarine*	aur	*golden*
wybren	*sky*	drwyddi	*through it*
digwmwl	*cloudless*	sguthan	*wood-pigeon*
ynghwsg	*asleep*	myfyr	*meditation*
awyr las	*blue sky*	crib y to	*ridge of the roof*
brithyll	*trout*	drudwy	*starling*
stond	*motionless*	cryno	*compact, compressed*
drych	*mirror*	deubost	dau bostyn: *two posts*
clir	*clear*	cêbl trydan	*electric cable*

Llonydd fel Pair Ceridwen cyn y berw,
fel Llyn y Fan Fach cyn i'r forwyn godi.

Llonydd fel mynwent Owain Glyn Dŵr
rhwng cloddiau'r sêr,
fel Cantre'r Gwaelod
yn cerdded yn y glust.

Llonyddwch
yn gyffro
fel disgwyl awel gref.

Euros Bowen, *Elfennau*, Llandysul, 1972

Pair Ceridwen	*Ceridwen's Cauldron.* Roedd Ceridwen a'i gŵr Tegid Foel yn byw ger y Bala gyda'u mab, Morfran. Berwodd Ceridwen bair hud *(magic)* i'w mab yfed ei gynnwys *(contents)* er mwyn iddo gael y ddawn *(talent)* i farddoni *(to write poetry).*
berw	*boil*
Llyn y Fan Fach	Llyn ger Llanddeusant yn Sir Gaerfyrddin. Mae'r llyn yn gysylltiedig â *(connected with)* stori werin *(folk story)* enwog yng Nghymru. Syrthiodd mab fferm o'r ardal mewn cariad â morwyn *(maiden)* hardd a oedd yn byw yn y llyn. Ar ôl cynnig tri math o *(kinds of)* fara iddi, mae hi'n cytuno i'w briodi *(to marry him)* ond yn ei rybuddio *(warns him)* y byddai hi'n ei adael *(leave him)* petai e'n ei tharo *(strike)* hi dair gwaith. Gwnaethon nhw fyw'n hapus am flynyddoedd yn Esgair Llaethdy a chawson nhw dri mab. Ond wedi i'w gŵr ei tharo'n ddamweiniol *(accidentally)* dair gwaith, dychwelodd *(she returned)* i'r llyn gyda'i gwartheg *(cattle)* yn ei dilyn.
mynwent	*burial ground, cemetery*
Owain Glyn Dŵr	Does neb yn gwybod sut buodd e farw *(he died)* na ble cafodd ei gladdu *(he was buried).*
cloddiau'r sêr	*hedges of the stars*
Cantre'r Gwaelod	Tir Gwyddno Garanhir a foddwyd *(was submerged)*, yn ôl y chwedl *(legend)*, o dan Fae Ceredigion *(Cardigan Bay).*
cerdded	*to resound*
llonyddwch	*quietness, calm, stillness*
cyffro	*excitement, commotion*
awel gref	*strong breeze*

47

COFIO

Un funud fach cyn elo'r haul o'r wybren,
    Un funud fwyn cyn delo'r hwyr i'w hynt,
I gofio am y pethau angofiedig
    Ar goll yn awr yn llwch yr amser gynt.

Fel ewyn ton a dyr ar draethell unig,
    Fel cân y gwynt lle nid oes glust a glyw,
Mi wn eu bod yn galw'n ofer arnom,
    Hen bethau angofiedig dynol ryw.

Camp a chelfyddyd y cenhedloedd cynnar,
    Anheddau bychain a neuaddau mawr,
Y chwedlau cain a chwalwyd ers canrifoedd
    Y duwiau na ŵyr neb amdanynt 'nawr.

---

cofio	*remembering*	ofer	*in vain*
elo'r haul	*the sun leaves*	arnom	*upon us*
wybren	*sky*	dynol ryw	*mankind*
mwyn	*gentle, tender*	camp	*achievement*
delo'r hwyr	*the evening comes*	celfyddyd	*art*
hynt	*way, course, journey*	cenhedloedd	*nations*
angofiedig	*forgotten*	cynnar	*early*
ar goll	*lost*	anheddau bychain	*small dwellings*
llwch	*dust*	neuaddau	*halls*
amser gynt	*times gone by*	chwedlau	*legends*
ewyn	*foam*	cain	*fine*
a dyr	sy'n torri	chwalwyd	*were scattered*
traethell	*shore*	canrifoedd	*centuries*
lle nid oes glust	h.y. ble does neb	duwiau	*gods*
a glyw	yn gallu clywed	na ŵyr neb	*that no one recalls*
mi wn	*I know*	amdanynt	

A geiriau bach hen ieithoedd diflanedig,
Hoyw yng ngenau dynion oeddynt hwy,
A thlws i'r glust ym mharabl plant bychain,
Ond tafod neb ni eilw arnynt mwy.

O, genedlaethau dirifedi daear,
A'u breuddwyd dwyfol a'u dwyfoldeb brau,
A erys ond tawelwch i'r calonnau
Fu gynt yn llawenychu a thristáu?

Mynych ym mrig yr hwyr, a mi yn unig,
Daw hiraeth am eich 'nabod chwi bob un;
A oes a'ch deil o hyd mewn cof a chalon,
Hen bethau angofiedig teulu dyn?

Waldo Williams, Dail Pren, Llandysul, 1956

ieithoedd	*languages*	brau	*fragile*
diflanedig	*transient*	a erys …?	*does anything*
hoyw	*sprightly*		*remain …?*
genau	*mouths*	tawelwch	*silence*
oeddynt hwy	oedden nhw	calonnau	*hearts*
tlws	*pleasant*	llawenychu	*to rejoice*
parabl	*prattle*	tristáu	*to sadden*
tafod	*tongue*	mynych	*often*
ni eilw arnynt mwy	*will not call on*	brig	*height*
	them again	a oes a'ch deil …	*is there anything*
cenedlaethau	*generations*		*which can keep*
dirifedi	*innumerable*		*you …*
daear	*earth*	o hyd	*still*
breuddwyd dwyfol	*divine dream*	cof	*memory*
dwyfoldeb	*divinity*		

49

EIRLYSIAU

Gwyn, gwyn
Yw'r gynnar dorf ar lawr y glyn.
O'r ddaear ddu y nef a'u myn.
Golau a'u pryn o'u gwely pridd
A rhed y gwanwyn yn ddi-glwy
O'u cyffro hwy uwch cae a ffridd.

Pur, Pur,
Wynebau perl y cyntaf fflur.
Er eu gwyleidd-dra fel y dur
I odde' cur ar ruddiau cain,
I arwain cyn y tywydd braf
Ymdrech yr haf. Mae dewrach 'rhain?

---

eirlysiau	*snowdrops*	cae a ffridd	*field and mountain*
torf	*crowd*		*pasture*
glyn	*vale*	pur	*pure*
y nef a'u myn	*heaven claims them*	perl	*pearl*
golau a'u pryn	*they are bought by*	cyntaf fflur	*earliest flower*
	light	gwyleidd-dra	*modesty*
pridd	*soil*	godde'	*to endure*
rhed y gwanwyn	*mae'r gwanwyn*	cur	*pain*
	yn rhedeg	gruddiau	*cheeks*
di-glwy	*untainted*	arwain	*to lead*
cyffro	*excitement*	ymdrech	*endeavour*
uwch	*over*	Mae dewrach	*Are there braver*
		'rhain?	*than these?*

Glân, glân,
Y gwynder cyntaf yw eu cân.
Pan elo'r rhannau ar wahân
Ail llawer tân fydd lliwiau'r tud.
Ond glendid glendid yma dardd
O enau'r Bardd sy'n llunio'r byd.

Waldo Williams, *Dail Pren*, Llandysul, 1956.

glân	*holy*	tud	bro
gwynder	*whiteness*	glendid	*purity*
cân	*song*	tardd	*it springs*
elo'r rhannau	*the parts scatter,* h.y.	genau	*mouth*
ar wahân	mae golau gwyn	Bardd	*Poet* (h.y. Duw)
	wedi ei wneud o	llunio	*to fashion*
	saith lliw yr enfys	byd	*world*
	(*rainbow*) a dyna		
	mae'r bardd yn ei		
	olygu (*means*) yma		

ROBIN GOCH

Dim byd anghyffredin,
dim arbenigo
ond y plan yn hollol gywir:
llygaid a phig,
cildwrn o lwyd
a phinsiad o goch
a gylfiniad o sŵn.
Plu, esgyrn a gwaed mewn trefn
ar ddeudroed yn cofnodi'r sefyllfa,
mewn uchder, mewn dyfnder,
mewn fflach
cyn gadael ei sêl ar y garreg lonydd.
Ond cymerodd y peiriant
gan miliwn o flynyddoedd
i dyfu.

Moses Glyn Jones, *Mae'n Ddigon Buan*, Llandybïe, 1977

dim byd	*nothing*	trefn	*order*
anghyffredin	*exceptional*	deudroed	dwy droed
arbenigo	*to specialise*	cofnodi	*to note / register*
hollol gywir	*perfectly correct*	sefyllfa	*situation*
pig	*beak*	uchder	*height, altitude*
cildwrn	tipyn bach	dyfnder	*depth*
pinsiad	*a pinch*	fflach	*flash, gleam*
gylfiniad	*a beakful*	sêl	*seal*
plu	*feathers*	peiriant	*machine*
esgyrn	*bones*	can miliwn	*hundred million*
gwaed	*blood*	tyfu	*to grow*

52

Nos Sadwrn Y Pasg

'YOUR EASTER BINGO!
EYES DOWN AT 7.30.',
ar dalcen festri Calfaria.

Anghofiasom y gri galonrwygol:-
'Eloï, Eloï, lama sabachthani'.
Y mae ein llygaid ar y ddaear.

Ddoe
am dri o'r gloch y prynhawn
gwallgofodd yr haid pan faglwyd eu harwr.
Chwibanodd whisl onest y reffari,
a phrotestiodd y cefnogwyr yn erbyn y gic gosb.
Gêm front yw bywyd.

Y Pasg	*Easter*	arwr	*hero*
festri	*vestry*	chwibanodd	*whistled*
anghofiasom	*we forgot*	whisl	*whistle*
calonrwygol	*heart-rending,*	gonest	*honest*
	pitiful	protestiodd	*protested*
gwallgofodd	*became insane /*	cefnogwyr	*supporters*
	frenzied	cic gosb	*penalty kick*
haid	*crowd, throng*	bront	*dirty*
baglwyd	*was tripped*		

Yfory, i eglwys y plwyf
daw'r addolwyr blynyddol
i fwrw eu rhoddion i'r drysorfa,
a thalu rhent am y bywyd tragwyddol.

Heno, cerddodd dyn ifanc
yn droednoeth dros briffordd y byd.
Yr oedd gofidiau'r canrifoedd yn Ei lygaid.
Cododd Ei law
pan aeth mini llwythog yn wyllt heibio.

Gwelais ôl yr hoelion.

W. J. Gruffydd (Elerydd), *Cerddi W. J. Gruffydd (Elerydd)*, Caernarfon, 1990

---

addolwyr	*worshippers*	priffordd	*high road, main road*
blynyddol	*annual*		
bwrw	*to cast*	gofidiau	*worries*
rhoddion	*donations*	canrifoedd	*centuries*
trysorfa	*treasury*	llwythog	*laden*
rhent	*rent*	gwyllt	*wild*
tragwyddol	*eternal*	ôl	*mark, vestige*
troednoeth	*barefooted*	hoelion	*nails*

Y BABŴN

Eisteddai yn ei gell yn llygadrythu,
unig fel astronawt yn y gofod,
gyfandiroedd o'i fyd,
a'r wynebau o'i gwmpas mor wag â'r sêr iddo ef.

Heb ing, heb angen – dim ond
y chwain melltigedig dan ei gesail –
yn pigo ei damaid ar hyd y llawr ymysg ei dom ei hun,
a rhyfeddu am hydoedd at ei fysedd a'i fogail a'i organau
fel pe bai gogoniant pob rhywogaeth –
ein hanatomi a'n gweithgareddau a'r dernyn ola' o gnawd –
yn eiddo i neb ond ef.

Edrychais arno. Ei ben –
potyn ar ei hanner ar dröell y crochenydd,
a'r clai yn wylo mewn dau lygad digri
am fysedd o rywle i orffen ei geg a'i glustiau.

---

cell	*cell*	rhyfeddu	*to wonder*
llygadrythu	*to stare*	am hydoedd	*for ages*
unig	*lonely*	bogail	*navel*
gofod	*space*	organau	*organs*
cyfandiroedd	*continents*	fel pe bai	*as though*
o'i gwmpas	*around him*	gogoniant	*glory*
mor wag â'r	*as empty as the*	rhywogaeth	*species*
sêr	*stars*	gweithgareddau	*activities*
ing	*pain*	cnawd	*flesh*
angen	*need*	yn eiddo i	*belonged to*
chwain melltigedig	*cursed fleas*	potyn ar ei hanner	*a half-made pot*
cesail	*armpit*	tröell y crochenydd	*potter's wheel*
ei damaid	*his food*	clai	*clay*
ymysg ei dom	*among his own*	wylo	*to weep*
ei hun	*excrement*	digri	*funny*

Daeth arogl heibio'i drwyn,
arogl o'r gwair a'r cagl,
a'i ddeffro i'w ffolennau ei hun,
a'i yrru fel rhoced a'i din ar dân yn orbid sbeitlyd Rhyw.
A phan welais ei wyneb wedyn – O dristwch chwerthinllyd –
gwelais yr holl aparatws nerfus
a siwrneiodd erioed hen fapiau celf a chân
yn un cnotyn anobeithiol,
yn byw i ddiawl o ddim
ar wahân i'r orchest derfynol fawr
o bigo trwyn.

Rhydwen Williams, Barddoniaeth Rhydwen Williams, Llandybïe, 1965

arogl	*smell*	chwerthinllyd	*laughable*
gwair	*hay*	siwrneiodd	*travelled*
cagl	*clotted dung*	cnotyn	*knot*
deffro	*to wake*	byw i ddiawl o	*alive for damn-all*
ffolennau	*haunches*	ddim	
rhoced	*rocket*	ar wahân i	*except for*
tin ar dân	*backside on fire*	gorchest derfynol	*great final feat*
rhyw	*sex*	fawr	
tristwch	*sadness*	pigo trwyn	*nose picking*

UNIGEDD

Odd y diwarnod yn hir
rhwng sŵn y botel lâth
a phan âth yr hewl i gysgu.
Odd e fel cylionen ar ffenest
yn cymryd i hamser
i hogi blinder i thrâd
rhwng pob cam.
Alwodd neb ddim.

Odd hi ddim gwerth cynnu tân
i'r gath a finne,
na chrafu tato
a dim 'u 'whant nhw ar neb.
Fuodd y tegil yn canu
nes i'r gas ddiffodd
wedi llyncu'r geinog
a thagu.
Ond alwodd neb ddim.

unigedd	*solitude*	blinder	*weariness*
odd	roedd	trâd	traed
diwarnod	diwrnod	cam	*step*
llâth	llaeth	alwodd neb ddim	*nobody called*
âth	aeth	cynnu	*to light*
hewl (DC)	*road*	crafu tato	*to peel potatoes*
cylionen (DC)	*fly, especially houseflies and bluebottles*	'whant	*desire, appetite*
		tegil (DC)	*tegell*
		diffodd	*to extinguish*
hogi	*to sharpen*	tagu	*to choke*

Fe ddaw rhywun fory, falle,
os na bydd hi'n rhy lyb,
neu'n rhy ôr.
Ond os bydd hi'n ffein
fe ddaw rhywun, gwlei,
i weld shwt wy'n cadw,
ond heddi,
alwodd neb ddim.

D. Jacob Davies, *Y Mynydd Teimladwy*, Llandybïe, 1971

---

falle	efallai	ffein	braf
glyb	gwlyb	gwlei (DC)	*I guess*
ôr	oer	shwt	sut

Yn Nyddiau'r Pasg

Ddiwrnod cyn Gwener y Groglith,
Ar y stryd yn Aberystwyth,
Cwrdd â dyn ag oen yn ei gôl.
Oen byw, bodlon fel baban diddig
A breichiau anwyldeb amdano.

Pythefnos oed, wedi colli'i fam:
Cnawd ei gymrodyr yn ffresgoch yn ffenest y cigydd;
Ŵyn Pasg.

Oen swci:
'Mae'n fy nilyn i bobman,
Fedrwn i mo'i adael gartref
Yn brae i'r piod a'r brain'.

'Cariad mwy na hwn . . .'

Gwener y Groglith	*Good Friday*	oen swci	*pet lamb*
oen	*lamb*	dilyn	*to follow*
côl	*lap*	pobman	*everywhere*
bodlon	*satisfied*	fedrwn i mo'i	*I couldn't leave*
diddig	*contented*	adael	*him*
breichiau	*arms*	prae	*prey*
anwyldeb	*affection*	piod	*magpies*
amdano	*around him*	brain	*crows*
cymrodyr	*comrades*	'Cariad mwy na	*'A man can have*
ffresgoch	*fresh and bloody*	hwn...'	*no greater love...'*
cigydd	*butcher*		*(John, 15:13)*
ŵyn	*lambs*		

Dyn dwad yn hipieiddio byw
Mewn encil o dŷ yn rhywle.
Sais. Anghydffurfiwr
A'i leindir yn warchodfa
I'r bychan hwn.

Croesodd fy meddwl y canrifoedd
At y darlun o'r Bugail Da
Oedd 'yn dwyn ymaith bechodau y byd'.

Pawb arall yn fasnachol — normal
Yn gwag-gerddetian
Yn ffroeni bargeinion
O siop i siop.

Ddiwrnod cyn Gwener y Groglith,
Oen cannaid uwch y cyni
Â breichiau tragywydd oddi tano.

John Roderick Rees, *Cerddi Newydd 1983-1991*, Caernarfon, 1992

dyn dwad	*newcomer,*	'yn dwyn ymaith	*'it is he [the Lamb*
	immigrant	bechodau y byd'	*of God] who*
hipieiddio byw	*to live as a hippie*		*takes away the*
encil	*retreat, refuge*		*sin of the world'.*
anghydffurfiwr	*nonconformist*		*(John, 1:29)*
lleindir	*portion of land*	masnachol	*commercial*
gwarchodfa	*sanctuary*	gwag-gerddetian	*to walk aimlessly*
bychan	*little one*	ffroeni	*to sniff*
croesodd	*crossed*	bargeinion	*bargains*
meddwl	*mind*	cannaid	*white, pure*
canrifoedd	*centuries*	uwch	*above*
darlun	*picture*	cyni	*anguish, adversity*
Bugail Da	*Good Shepherd*	tragywydd	*eternal*
		oddi tano	*under him*

60

Y DERYN DU

Lle bu'r ddrycin erwinaf,
Wele'n bro dan heulwen braf,
Ac awenydd y gwanwyn
Yn rhoi lliw i lawr a llwyn;
Gyda hyn daw'r deryn du
A'i ddoniau i'n diddanu.

Cynnar denor y bore
Â'i sain glir yn llonni'r lle;
Hyglyw iawn o'i ddeiliog lys
Yw ei dalent hudolus,
Craff bynciwr hoff y bencydd
Â'i gyffro yn deffro'r dydd.

---

deryn du	*blackbird*	cynnar denor	*early tenor*
drycin	*stormy weather*	sain	*sound*
gerwinaf	*roughest*	llonni'r lle	*to cheer the place*
wele	*behold*	hyglyw	*audible*
heulwen	*sunshine*	deiliog	*leafy*
awenydd	*songster*	llys	*court, hall*
llawr	*ground*	hudolus	*enchanting, alluring*
llwyn	*grove, thicket*	craff	*sharp, discerning*
gyda hyn	*shortly, soon*	pynciwr	*singer*
doniau	*talents*	hoff	*beloved, dear*
diddanu	*to entertain / amuse*	bencydd	*banks*

Caned y gwalch caredig
Ei aria sionc dros y wig;
Synnu oll wna lliaws nen
At folawd ei ffliwt felen;
Gwir heb os mae'r negro bach
Yn leisiwr heb ei dlysach.

J. R. Jones, *Cerddi J. R.*, Llandysul, 1970

caned y gwalch	*let the kind rascal*	lliaws	*multitude*
caredig	*sing*	nen	yr awyr: *the heavens*
sionc	*lively*	molawd	*eulogy, praise*
gwig	coed	ffliwt felen	*yellow flute*
synnu	*to amaze / surprise /*	gwir heb os	*true without doubt*
	astonish	lleisiwr heb ei	*the most beautiful*
oll	*all*	dlysach	*vocalist*

YN YR HWYR

Yn yr hwyr wrth y tân mae fy nhad yn llifo'n ôl,
Rhai pethau a wnaethom gyda'n gilydd, a finnau'n aml
Yn angharedig. Rhithia yno ei gwrteisi ystyriol
A dwyn fy nghalon dan ei aden falch a syml.

Pan chwyddodd y gofod mawr â'i fwlch ef
Ni wyddwn yr arhosai ynof er ei fynd mor derfynol
Ac y piciai i'm pen fel petai am ymestyn gartref
Yn yr hwyr wrth y tân a'i draed ar silff fy meddwl.

hwyr	*evening*	chwyddodd	*swelled, surged*
llifo	*to flow*	bwlch	*gap*
gwnaethom	*we did*	ni wyddwn yr	*I did not know that*
gyda'n gilydd	*together*	arhosai	*he would stay*
aml	*often*	ynof	*within me*
angharedig	*unkind*	mynd	*departure*
rhithio	*to appear*	terfynol	*final*
cwrteisi	*courtesy*	piciai	*he would pop*
ystyriol	*considerate*	fel petai	*as though*
dwyn	dod â: *to bring*	ymestyn	*to stretch*
aden	*wing*	silff	*shelf*
balch	*proud*		

63

Y tu ôl i gefn y byd, yn yr hwyr wrth y tân
Crwydra ei gariad i lawr, wele mae'n dychwelyd.
Cwymp drwy 'ngwythiennau i droi eu trydan
I oleuo 'nghof â'r dyddiau a fu mor hyfryd;
A cherddaf finnau draw hyd hwyr rhyw ddiwrnod
At aelwyd ailrwymo pawb, stôr pob anwylyd.

Bobi Jones, *Rhwng Taf a Thaf*, Llandybïe, 1960

y tu ôl i	*behind*	a fu	*that were*
crwydra ei gariad	*his love wanders*	hyfryd	*lovely*
i lawr	*down*	draw	*yonder*
dychwelyd	*to return*	aelwyd	*hearth*
cwymp	*it falls*	ailrwymo	*to reunite*
gwythiennau	*veins*	stôr	*store*
trydan	*electricity*	anwylyd	*loved one*

Y GÂN GYNTAF

Angau, 'rwyt ti'n fy ofni i
  Am fy mod yn ifanc
Am fod fy ngwaed yn telori wrth wthio 'ngwythiennau.
Cryni yn y fynwent, heb hyder
I ddangos i mi dy ddihengyd.

Angau, 'rwyt ti'n fy ofni i
  Am fy mod yn fardd
Am fod gwewyr fy ngwaed yn deall
Dy dywarchen di: ni ddeui ataf,
Ac ymwesgi dan gysgod y gornel.

Angau, nac ofna!
  Ni wnaf ddim i ti
Am dy fod di'n hardd ac yn fach,
Fel deigryn ar fin môr,
Môr Cymreig fy mawl na threia dreio.

Bobi Jones, Y Gân Gyntaf, Llandysul, 1957

---

fy ofni i	*afraid of me*	dy dywarchen	*your earth*
am fy mod yn	*because I am*	ni ddeui ataf	*you will not*
am fod fy ngwaed	*because my blood*		*approach me*
yn telori	*trills*	ymwesgi dan	*you squeeze yourself*
gwthio	*to drive*	gysgod y	*under the corner*
cryni yn y fynwent	*you tremble in the*	gornel	*shadow*
	graveyard	nac ofna	*be not afraid*
hyder	*confidence*	ni wnaf ddim i ti	*I will not harm you*
i ddangos i mi dy	*to show me your*	deigryn	*tear*
ddihengyd	*escape*	ar fin môr	*on the sea's edge*
bardd	*poet*	mawl	*praise*
gwewyr	*anguish*	na threia dreio	*which does not*
deall	*to understand*		*seek to ebb*

AWST Y CHWECHED

Ar Awst 6, 1890, yn Efrog Newydd, defnyddiwyd
y Gadair Drydan am y tro cyntaf.

Roedd hi'n haf yn Efrog Newydd,
a thrydan yr haul yn crynu
yn nerfau'r glaswelltyn byw.

Roedd hi'n oer
   ym mreichiau'r gader
yn lleder y strapiau
     llydan,
a'r electrodau'n gwasgu ar y corff.

Pa fath eiliadau oedd eiliadau'r aros
am wefr sydyn
   y gwifrau,
eiliadau'r disgwyl
   llam dwy fil
o foltiau
yn y celloedd cnawd?

Efrog Newydd	*New York*	electrodau	*electrodes*
defnyddiwyd	*was used*	gwasgu	*to press / squeeze*
cadair drydan	*electric chair*	eiliadau	*seconds*
tro cyntaf	*first time*	gwefr	*thrill*
crynu	*trembling*	gwifrau	*wires*
glaswelltyn	*blade of grass*	llam	*surge*
cader (DC)	cadair	foltiau	*volts*
lleder	*leather*	celloedd	*cells*
llydan	*wide, broad*		

Saethwyd y mellt
        i'r gwelltyn dyn,
ac ysu'r bywyd o'i boen.

Roedd hi'n haf yn Efrog Newydd,
a thrydan yr haul yn crynu
yn nerfau'r glaswelltyn byw.

Dafydd Rowlands, *Meini*, Llandysul, 1972

saethwyd	*was shot*	ysu	*to consume*
mellt	*lightning*	poen	*pain*
gwelltyn	*a straw*		

BU FARW'R LLWYNOG

Bu farw'r llwynog.

Dylasai fod yn gelain
ar unwaith
wedi'r ergyd honno
ond llusgodd ei gorff
dros wrychoedd a chaeau
yn nes at ei ffau.
Fe'i gwelais wedyn
ganllath oddi cartref
a'i lygaid yn agored
a holl uffern ei daith
yn y chwys a'r glafoerion ar ei safn.

Dylasai'r gŵr
fod yn farw hefyd
a'r pryfyn gwyn
yn cnoi'n ddi-seibiant ynddo.

dylasai fod yn gelain	*he ought to have been dead*	holl uffern ei daith	*the whole hell of his journey*
ar unwaith	*at once*	chwys	*sweat*
ergyd	*shot*	glafoerion	*slaver*
llusgodd	*he dragged*	safn	*mouth*
gwrychoedd	*hedges*	pryfyn gwyn	*white worm*
caeau	*fields*		(h.y. *cancer*)
yn nes	*nearer*	cnoi	*to gnaw*
ffau	*lair*	di-seibiant	*restlessly*
ganllath	*hundred yards*		

Aeth yn denau
teimlai'r brathiadau'n fwy cyson
daeth niwl dros ei lygaid yn amlach
a bu raid iddo eistedd
ar y sedd bren
bob dydd ar y ffordd adref.

Fe fu farw wrth gwrs
yn ddiweddarach.

R. Gerallt Jones, Cysgodion, Llandysul, 1972

tenau	*thin*	yn amlach	*more often*
brathiadau	*stabbing pains*	sedd bren	*wooden seat*
mwy cyson	*more regularly*	diweddarach	*later*
niwl	*mist*		

HEN FERCH

Eisteddai
o flaen ei bocs
hyd nes y tewai
er mwyn anghofio'r nos.

Ac wedi'r tewi
eisteddai
o flaen y llun
gwag
a'i sŵn disynnwyr
hyd nes y cysgai
er mwyn anghofio'r nos.

R. Gerallt Jones, *Cysgodion*, Llandysul, 1972

---

hen ferch	*spinster*	tewai	*it became silent*
bocs	*box*, h.y. teledu	disynnwyr	*senseless*
hyd nes	*until*		

CYNHEBRWNG YN LLŶN

O gopa'r Garn
gwelid patrwm.

Caeau bychain, gwrychoedd eithin,
cwilt daearyddol taclus
a ffridd y rhedyn a'r llus
yn cydoddef, er yn anfoddog,
y cynllwyn.

Ac felly gyda'n cymdeithas.
Patrymog oedd pob perthynas,
ffrwyth blynyddoedd bwygilydd
o docio gofalus a chloddio a chau,
o wybod lled pob adwy,
o wybod, fel yr oedd angen,
pryd i gloi'r llidiart.

---

cynhebrwng	*funeral*	cynllwyn	*conspiracy*
gwelid patrwm	*a pattern could be seen*	cymdeithas	*society*
		patrymog	*patterned*
caeau bychain	*small fields*	perthynas	*relationship*
gwrychoedd eithin	*gorse hedgerows*	ffrwyth	*fruit, product*
cwilt	*quilt*	bwygilydd	*numerous*
daearyddol	*geographical*	tocio	*to prune*
taclus	*tidy*	cloddio	*to hedge*
ffridd	*moorland*	cau	*to close gaps*
rhedyn	*fern*	lled	*width*
llus	*bilberries*	adwy	*gateway*
cydoddef	*to jointly tolerate*	llidiart	*gate*
anfoddog	*reluctantly*		

Yna fe ddaeth angau,
hen losgfynydd daearyddiaeth dyn.
Ni allwn ond gwylio'i lafa'n dylifo,
ei gyntefigrwydd di-siap yn treiddio,
gwrychoedd gwâr ar chwâl
a phopeth yn finiog, yn gorneli
heddiw fel yr oedd ar y dechrau,
cyn dyfod trefn.

Safwn wedyn yn noeth
gan syllu'n wyllt ar ein gilydd;
dim giatiau i'w cau,
tir y naill yng nghaeau'r llall
gan mor ddigyfaddawd y môr
diddethol a lifodd i mewn.

---

llosgfynydd	*volcano*	noeth	*naked*
daearyddiaeth dyn	*human geography*	syllu	*to stare*
ni allwn ond	*I couldn't but*	ar ein gilydd	*at each other*
gwylio	*watch*	giatiau	*gates*
dylifo	*to flow*	i'w cau	*to close*
cyntefigrwydd	*primitiveness*	tir y naill	*one man's land*
di-siap	*amorphous*	yng nghaeau'r llall	*in another man's*
treiddio	*to penetrate*		*fields*
gwâr	*civilised*	gan mor	*so*
ar chwâl	*disbanded*	digyfaddawd	*uncompromising*
miniog	*sharp*	diddethol	*indiscriminate*
yn gorneli	*cornered*	llifodd	*flooded*
safwn	*we stand*		

Yfory, ailadeiledir y gwrychoedd,
cau'r bylchau
a drennydd daw patrwm newydd
diogel;
cerddwn yn weddus trwy'r adwy briodol.
Ond heddiw ffrwydrodd llosgfynydd
ac edrychwn
　　　ym myw llygaid ein gilydd
yn noeth.

R. Gerallt Jones, *Cysgodion*, Llandysul, 1972

ailadeiledir	*will be rebuilt*	ffrwydrodd	*erupted*
trennydd	*the day after*	byw llygaid	*quick of the eyes,*
diogel	*safe*		h.y. *they looked*
yn weddus	*in a seemly manner*		*deep into each*
priodol	*appropriate*		*other's eyes*

ADDUNED BLWYDDYN NEWYDD

Y baban na fu'i lanach a anwyd
Yn Ionor yn holliach
A lorir fel hen gleiriach
O eisiau bwyd ym Mis Bach.

T. Arfon Williams, *Englynion Arfon,* Abertawe, 1978

adduned	*resolution*	llorir	*is floored*
na fu'i lanach	*fairest*	cleiriach	*decrepit person*
ganwyd	*was born*	o eisiau bwyd	*from hunger*
Ionor	Ionawr	Mis Bach	Chwefror
holliach	*in perfect health*		

Y GOEDEN NADOLIG

Yn enw Cariad, paid â'i gadel yn hagr
    I wgu'n y gornel;
Dwy owns neu lai o dinsel
Wna'r wrach ddu'n briodferch ddel.

T. Arfon Williams, *Englynion Arfon,* Abertawe, 1978

yn enw	*in the name of*	gwna	*will make*
gadel	*to leave*	gwrach	*witch*
hagr	*ugly, unsightly*	priodferch	*bride*
gwgu	*to frown / scowl*	del (GC)	*beautiful*
dwy owns	*two ounces*		

TYDDYN

Mae pobol wrth fy nrws yn curo beunydd
Yn cynnig crocbris am ryw ddarn o gae
I godi tŷ neu 'mofyn hawl drwy'r gweunydd
I gladdu y garthffosiaeth, fel petae.
Mae yma gartws, beudy ac ystabal
Ac ugain cyfer rhwng y ffordd a'r nant
Nad ŷnt fywoliaeth er eu trin yn abal,
Mwynderau mwy na heb i blesio'r plant.

---

tyddyn	*croft, smallholding*	beudy	*cowshed*
wrth fy nrws	*at my door*	ystabal	*stable*
curo	*to knock*	ugain cyfer	*twenty acres*
beunydd	*every day*	ffordd	*road*
cynnig	*to offer*	nant	*brook, stream*
crocbris	*exorbitant amount*	nad ŷnt	*that are not*
darn	*part*	bywoliaeth	*livelihood*
'mofyn	eisiau	trin	*to cultivate*
gweunydd	*moorland, heath*	yn abal	*capably*
claddu	*to bury*	mwynderau	*pleasures, delights*
carthffosiaeth	*sewerage*	mwy na heb	*more or less*
fel petae	*as it were*	plesio	*to please*
cartws (DC)	*cart-house*		

76

Ond cyndyn wyf i ollwng un cornelyn
O'r etifeddiaeth hon o gyrraedd llaw
Rhag crwydro fel telynor gyda'i delyn
A thant ar goll, yn chwilio am y traw,
Amddifad fyddwn rhwng annedd-dai'r fro
Heb annibendod buarth, buwch a llo.

Vernon Jones, *Gogerddan a Cherddi Eraill*, Llandysul, 1982

cyndyn	*reluctant*	tant	*string*
gollwng ... o	*to let ... slip away*	ar goll	*missing*
gyrraedd llaw		traw	*pitch*
cornelyn	*small corner*	amddifad	*orphaned, destitute*
etifeddiaeth	*inheritance*	annedd-dai	*dwelling-houses*
rhag	*lest*	annibendod	*untidiness*
crwydro	*to roam / to wander*	buarth	*farmyard*
telynor	*harpist*	buwch	*cow*
telyn	*harp*	llo	*calf*

DEILEN

Mae'r ddeilen o bren yn cael ei bwrw,
Mae'n hofran, yn hedfan.
Yn dal ar yr awel,
Yn addfwyn yn hongian,
Yn nofio yn dawel,
Yn llithro – fflach lathr –
Yn folwyn neu felen.
Mae'n clownio, troell liwio,
Fflantio'n ffantasig,
Llygota'n fyrdroed yn fwrlwm o liw,
Mae'n goleddf olwyno, yn siglo
Yn loyw i lawr.
Mae'r ddeilen o bren yn cael ei bwrw.
A'r hyn mae'n ei wneud?
                    Y mae'n marw.

Gwyn Thomas, *Y Weledigaeth Haearn*, Dinbych, 1965

deilen	*leaf*	lliwio	*to colour*
bwrw	*to shed*	fflantio'n ffantasig	*fantastically it flaunts*
hofran	*to hover*	llygota	*to mouse*
yn addfwyn	*gently*	byrdroed	*shortfooted*
llithro	*to slide*	bwrlwm o liw	*splash of colour*
fflach lathr	*bright flash*	goleddf	*at an angle*
bolwyn	*white-bellied*	olwyno	*to wheel*
clownio	*to clown*	siglo	*to swing*
troell	*spiral*	gloyw	*bright, shining*

CROESI TRAETH

Yr oedd hi, y diwrnod hwnnw,
Yn ail o Fedi.
A dyma ni, fel teulu,
Yn penderfynu mynd i lan y môr.

Yr oedd hi, y diwrnod hwnnw,
Yn heulog ond fymryn yn wyntog.
Dros y traeth mawr, gwag
Ysgydwai'r gwynt loywderau'r haul,
Chwibanai ei felyn dros y tywod,
A disgleiriai'r dŵr ar ei drai pell.

A dyma ddechrau gwneud y pethau
Y bydd pobol yn eu gwneud ar draethau –
Rhawio tywod;
Rhoi'r babi i eistedd yn ei ryfeddod
Hallt; codi cestyll; cicio pêl.
Mi aeth yr hogiau, o gydwybod,
Hyd yn oed i ymdrochi, yn garcus.
Ond yr oedd hi, y diwrnod hwnnw,
Yn rhy oer i aros yn hir yn y dŵr.
Safwn innau yn edrych.

---

croesi	*to cross*	rhyfeddod hallt	*salty wonder*
mymryn	*tipyn bach: rather*	cestyll	*castles*
ysgydwai'r gwynt	*the wind shook*	hogiau (GC)	*bechgyn*
gloywderau	*rays*	o gydwybod	*prompted by their*
chwibanai ei felyn	*it whistled its*		*conscience*
	yellow	hyd yn oed	*even*
tywod	*sand*	ymdrochi	*to bathe*
disgleiriai	*it glittered*	yn garcus	*cautiously*
trai pell	*distant ebb*	safwn	*I stood*
rhawio	*to shovel*		

Daethant o'r môr yn sgleinio a rhincian
A chwerthin a sblasio;
Ac wedyn dyma nhw'n rhedeg o 'mlaen i
Ar draws y traeth maith
At eu mam, at eu chwaer,
At ddiddosrwydd a thyweli.

Dilynais innau o bell.
Ond wrth groesi'r traeth, tua'r canol,
Dyma fo'n fy nharo i'n ysgytwol
Mai un waith y mae hyn yn digwydd;
'Ddaw'r weithred hon byth, byth yn ôl.
Mae'r eiliadau sydd newydd fynd heibio
Mor dynn â'r Oes Haearn o fewn tragwyddoldeb:
Peth fel'ma ydi ein marwoldeb.
A theimlais braidd yn chwith yn fan'no –
'Ddigwyddith y peth hwn byth eto.

---

daethant	*they came*	'ddaw'r weithred	*this action will*
sgleinio	*to glisten*	hon byth, byth	*never, ever*
rhincian	*teeth chattering*	yn ôl	*return*
sblasio	*splashing*	eiliadau	*moments*
o 'mlaen i	*in front of me*	newydd fynd	*just passed*
ar draws	*across*	heibio	
maith	*long*	tynn	*tight*
diddosrwydd	*snugness*	Oes Haearn	*Iron Age*
tyweli	*towels*	o fewn	*within*
dilynais	*I followed*	tragwyddoldeb	*eternity*
o bell	*at a distance*	fel'ma (GC)	fel yma: *such as this*
fo (GC)	fe	marwoldeb	*mortality*
taro	*to strike*	braidd yn chwith	*rather bereft*
yn ysgytwol	*shockingly*	fan'no (GC)	y fan yno: *there*
digwydd	*to happen*	'ddigwyddith	*this thing won't*
		y peth hwn	*ever happen*
		byth eto	*again*

Ond dal i gerdded a wneuthum
A chyn bo hir fe ddeuthum yn ôl
At y teulu,
At y sychu stryffaglus a'r newid,
At sŵn y presennol.
A rhwng y tyllu tywod
A chrensian drwy frechdan domato
A cheisio cysuro'r babi
Fe aeth y chwithdod hwnnw heibio.

Yr oeddwn i, fel yr oedd hi'n digwydd,
Y diwrnod hwnnw yn cael fy mhen-blwydd
Yn ddeugain ac un.

Y mae hen ddihareb Rwsiaidd sy'n dweud,
'Nid croesi cae yw byw.'
Cywir: croesi traeth ydyw.

Gwyn Thomas, Croesi Traeth, Dinbych, 1978

ond dal i gerdded	*but I kept on*	crensian	*to crunch*
a wneuthum	*walking*	brechdan	*sandwich*
deuthum	*I came*	cysuro	*to comfort*
yn ôl	*back*	chwithdod	*sense of loss*
sychu	*to dry*	deugain ac un	*forty one*
stryffaglus	*disorganised*	dihareb Rwsiaidd	*Russian proverb*
newid	*to change*	'nid croesi cae	*'life is not*
presennol	*present*	yw byw'	*crossing a field'*
tyllu	*to dig holes*	cywir	*correct*

CI LLADD DEFAID

Nos, a chloi darn o'r byd mewn distawrwydd.
Lloer, yn llygad blêr, gwythiennog
Wedi'i grafu o benglog y tywyllwch
Yn craffu trwy'i farwolaeth ar y ddaear.
Pell ydyw sylliadau'r sêr. Nos y bydd
Dychrynfeydd hyd y meysydd.

Mae'r mamogiaid yn anesmwyth,
Yn synhwyro'r lloergan am y lleiddiaid.
Gyrr o garnau,
        symudiadau,
Sefylliadau
        ar ddaear ddistaw y nos.
A'r ysfa sy'n torri'r blagur pêr o'r pren
Yn isel yn datod greddfau, tynnu Mot o'i gadwyn ddof
I'r tywyllwch sy'n diferu gan waed.

---

defaid	*sheep*	synhwyro	*to sense*
cloi	*to lock*	lloergan	*moonlight*
distawrwydd	*silence*	lleiddiaid	*killers*
lloer	*moon*	gyrr o garnau	*flock of hooves*
llygad blêr	*slovenly eye*	symudiadau	*stirrings*
gwythiennog	*veined*	sefylliadau	*loiterings*
penglog	*skull*	ysfa	*urge*
tywyllwch	*darkness*	sy'n torri'r blagur	*that severs the*
craffu	*to peer*	pêr o'r pren	*sweet buds from*
marwolaeth	*death*		*the boughs*
sylliadau	*gazes*	datod	*to loosen*
sêr	*stars*	greddfau	*instincts*
dychrynfeydd	*acts of terror*	cadwyn ddof	*servile leash*
mamogiaid	*ewes*	diferu	*to drip*
anesmwyth	*restless*		

Cyrff defaid dan welwder y wawr
Yn wlanog, waedlyd,
Wedi cyffio'n erchyll
       ac yn feichiog, oer o angau.

Glasu'r gwair ac aros geni'r ŵyn:
Lladd hefyd sy ar gerdded y gwanwyn.

Gwyn Thomas, Ysgyrion Gwaed, Dinbych, 1967

cyrff	*corpses*	cyffio	*to stiffen*
dan welwder	*under the pallor of*	yn erchyll	*hideously*
y wawr	*dawn*	beichiog	*pregnant*
gwlanog	*woolly*	glasu'r gwair	*the grass greens*
gwaedlyd	*bloody*	geni'r ŵyn	*the birth of lambs*

AUSTIN

Roedd Joe, rydw i'n cofio,
Acw wrthi'n plastro cefn y tŷ
Pan ddaeth hi'n law a gorfu
Iddo roi'r gorau iddi a gadael
Llwyth o sment wedi'i gymysgu.

Ynghanol glaw diatal
Beth a dâl stwff felly?
Ond fel yr oeddwn i,
Yn llefnyn, yno'n syllu
Ar y sment dagreuol a dyfalu
Mi ddechreuodd y glaw arafu.

Ystyriais innau hyn a'r llall ac, yn ei thro,
Wal ddiblastar y cwt glo.
A dyma fynd ati a gwneuthur –
Fyfi'n ddiblastrwr – fel y gwelswn Joe.

acw (GC)	*at our place*	dagreuol	*weeping*
wrthi'n plastro	*at it plastering*	dyfalu	*to think*
daeth hi'n law	*it came to rain*	arafu	*to ease*
gorfu iddo	*he had to*	ystyriais	*I considered*
rhoi'r gorau i	*to give up*	hyn a'r llall	*this and that*
llwyth	*load*	yn ei thro	*in its turn*
sment	*cement*	cwt glo	*coal-house*
cymysgu	*to mix*	a dyma fynd ati	*and I set about it*
diatal	*continuous*	a gwneuthur	
beth a dâl	*what's the use of*	myfi'n ddiblastrwr	*I, no plasterer*
llefnyn (GC)	*lad*	fel y gwelswn	*as I had seen*
syllu	*to gaze*		

Brwsiais yn lân y wal,
Rhoi arni ddwfr i ddal
Y plastar, llwytho'r bordyn
A, chyda thrywel Joe, wedyn
Dechreuais daenu'r sment – gyda chryn foddhad –
I'w lynu'n deidi (weddol) i'r adeilad.

Yr oeddwn yno wrthi
A go d'ucha'r wal wedi
Ei harddu â haenen lefn o sment
Pan ddaeth Austin heibio
A tharo'i ben – fel y gwnâi o –
Dros y giât gefn.

"Be wnei di?"
"Plastro – rhag gwastraffu hwn,"
Gan ddal ati.
"Waeth iti heb, sti,
Mi fydd y llymru yna
I gyd i lawr cyn fory."

brwsiais	*I brushed*	harddu	*to adorn*
glân	*clean*	haenen lefn	*a smooth layer*
dwfr	*dŵr*	taro'i ben (GC)	*to pop his head*
llwytho'r bordyn	*to load the hawk*	fel y gwnâi o	*as he normally did*
	(plasterer's square	giât gefn	*back gate*
	board with handle	Be wnei di?	*Beth wyt ti'n ei*
	underneath)		*wneud?*
trywel	*trowel*	plastro	*to plaster*
taenu	*to spread*	rhag gwastraffu	*so as not to waste*
cryn foddhad	*great satisfaction*	gan ddal ati	*keeping at it*
glynu'n deidi	*to stick neatly*	waeth iti heb	*it's of no use*
gweddol	*fairly*	sti (GC)	*you know*
adeilad	*building*	llymru	*porridge*
go d'ucha'r wal	*the upper wall*	i gyd i lawr	*all down*

"Dach chi'n meddwl hynny?"
"Dim byd sicrach. Glaw –
Mi llacith hwn o iti
A'i dynnu o i gyd i lawr."

A hithau o hyd yn tampio fe aeth
A'm gadael i i'm gorchwyl ddigynhysgaeth.

Yn awr, yn nhŷ fy nhad,
Bob tro y byddaf yno
Ac yn gweld wal y cwt glo
Dadweinia'r blynyddoedd yn ôl hyd y plastro,
Y glaw, ac Austin yn proffwydo.
Achos, fel y mae hi'n chwithig meddwl,
Y mae'r plastar hwnnw'n dal
Yn gadarn o hyd ynglŷn yn y wal
Ac Austin, ers tro byd, mewn bedd.

Ond, i mi, y mae o yno – mae ei wedd,
Y giât, y plastar, y glaw, a wal y cwt glo
Yn ddau funud o fywyd sy yma o hyd
Tra byddaf finnau yn y byd.

Gwyn Thomas, *Gwelaf Afon*, Dinbych, 1990

dach chi (GC)	ydych chi: *do you*	dadweinia'r	*the years unfold*
dim byd sicrach	*nothing could be*	blynyddoedd	
	more certain	proffwydo	*to prophesy*
mi llacith hwn o iti	*this will loosen it*	chwithig meddwl	*strange to think*
	for you	yn gadarn	*firmly*
tynnu	*to pull*	ynglŷn yn y wal	*stuck to the wall*
tampio	*damping off*	ers tro byd	*for a long time*
gorchwyl	*pointless task*	bedd	*grave*
ddigynhysgaeth		gwedd	*form, appearance*
		tra	*whilst*

86

ETIFEDDIAETH

Cawsom wlad i'w chadw,
darn o dir yn dyst
ein bod wedi mynnu byw.

Cawsom genedl o genhedlaeth
i genhedlaeth, ac anadlu
ein hanes ni ein hunain.

A chawsom iaith, er na cheisiem hi,
oherwydd ei hias oedd yn y pridd eisoes
a'i grym anniddig ar y mynyddoedd.

etifeddiaeth	*inheritance*	na cheisiem hi	*we did not seek it*
cawsom	*we had*	ias	*thrill, passion*
tyst	*witness*	pridd	*soil, earth*
mynnu	*to insist / demand*	eisoes	*already*
cenedl	*nation*	grym	*force, power, strength*
cenhedlaeth	*generation*	anniddig	*dissatisfied, uneasy*
anadlu	*to breathe*	mynyddoedd	*mountains*

Troesom ein tir yn simneiau tân
a phlannu coed a pheilonau cadarn
lle nad oedd llyn.
Troesom ein cenedl i genhedlu
estroniaid heb ystyr i'w hanes;
gwymon o ddynion heb ddal
tro'r trai.
A throesom iaith yr oesau
yn iaith ein cywilydd ni.

Ystyriwch; a oes dihareb
a ddwed y gwirionedd hwn:
Gwerth cynnydd yw gwarth cenedl
a'i hedd yw ei hangau hi.

Gerallt Lloyd Owen, Cerddi'r Cywilydd, Caernarfon, 1972

troesom	*we turned*	tro'r trai	*turn of the ebb*
tir	*land*	oesau	*ages*
simneiau	*chimneys*	cywilydd	*shame, disgrace*
peilonau	*pylons*	ystyriwch	*consider*
cadarn	*strong, mighty*	dihareb	*proverb*
lle nad oedd	*where there was no*	dwed	*tells, asserts*
cenhedlu	*to beget / procreate*	gwirionedd	*truth*
estroniaid	*foreigners, strangers*	gwerth	*value*
ystyr	*meaning, sense*	cynnydd	*progress, growth*
hanes	*history*	gwarth	*shame, disgrace*
gwymon	*seaweed*	hedd	*peace, tranquillity*

FY NGWLAD

Wylit, wylit, Lywelyn,
Wylit waed pe gwelit hyn.
Ein calon gan estron ŵr,
Ein coron gan goncwerwr,
A gwerin o ffafrgarwyr
Llariaidd eu gwên lle'r oedd gwŷr.

Fe rown wên i'r Frenhiniaeth,
Nid gwerin nad gwerin gaeth.
Byddwn daeog ddiogel
A dedwydd iawn, doed a Ddêl,
Heb wraidd na chadwynau bro,
Heb ofal ond bihafio.

---

gwlad	*country*	wylit	*you would cry*
Llywelyn	Llywelyn ap Gruffudd (*c.* 1225 – 1282). Mae e'n cael ei adnabod fel 'Y Llyw Olaf' (*The Last Prince*). Cafodd ei ladd gan filwyr Seisnig (*English troops*) ger pont dros afon Irfon yng Nghilmeri i'r gorllewin o Lanfair-ym-Muallt (*Builth Wells*). Anfonwyd ei ben at Frenin Edward I i'w arddangos (*for exhibition*) yn Llundain a chladdwyd ei gorff yn abaty (*abbey*) Cwm-hir.		

pe gwelit hyn	*if you could see this*	nid gwerin nad	*a nation is not a*
ein calon gan	*a foreign man has*	gwerin gaeth	*nation unless*
estron ŵr	*our heart*		*captive*
coron	*crown*	taeog	*servile*
concwerwr	*conqueror*	diogel	*safe*
ffafrgarwyr	*fawners*	dedwydd	*happy*
llariaidd	*gentle*	doed a ddêl	*come what may*
gwên	*smile*	gwraidd	*root*
gwŷr	*men*	cadwynau bro	*regional ties*
fe rown	*we give*	gofal	*care, trouble*
Brenhiniaeth	*Monarchy*	bihafio	*to behave*
gwerin	pobl gyffredin: *the common people*		

89

Ni'n twyllir yn hir gan au
Hanesion rhyw hen oesau.
Y ni o gymedrol nwyd
Yw'r dynion a Brydeiniwyd,
Ni yw'r claear wladgarwyr,
Eithafol ryngwladol wŷr.

Fy ngwlad, fy ngwlad, cei fy nghledd
Yn wridog dros d'anrhydedd.
O, gallwn, gallwn golli
Y gwaed hwn o'th blegid di.

Gerallt Lloyd Owen, *Cerddi'r Cywilydd*, Caernarfon, 1972

ni'n twyllir	*we are not deceived*	claear wladgarwyr	*indifferent patriots*
gau	*false*	eithafol	*extreme*
hanesion	*tales*	rhyngwladol wŷr	*international men*
oesau	*ages*	cei fy nghledd	*you will have my*
y ni	*we*		*sword*
cymedrol nwyd	*of moderate*	yn wridog dros	*blushing for your*
	emotion	d'anrhydedd	*honour*
dynion a	*people who were*	gallwn	*I could*
Brydeiniwyd	*made into Brits*	o'th blegid di	*for your sake*

90

Y PABI COCH

Awst, yn Llydaw,
Ac yn yr awel, yn siglo, yn pirowetio,
Mae balerina goch.

Llydaw
Fel petai rhywun
Wedi taflu darnau mân o bapur sidan
Coch
Dros y gwrychoedd,
A'r rheini'n datod
Yn wenfflam
Yn yr haul.

Awst
Ac ysai fy llaw am eu casglu,
Ond gwyddwn, pe gwnawn,
Na fyddai ond staen
O goch
Ar fy mysedd
Pan godai'r gwlith.

pabi	*poppy*	gwenfflam	*blazing*
Llydaw	*Brittany*	ysai	*itched*
siglo	*to sway*	casglu	*to gather*
pirowetio	*to pirouette*	pe gwnawn	*if I did*
fel petai rhywun	*as if someone*	staen	*stain*
papur sidan	*tissue paper*	gwlith	*dew*
datod	*to unfold*		

Fin nos, yn Awst, yn Llydaw,
Syllu a syllu i'r gwyll
A gweld eu cleisiau porffor
Ym mhob cornel.
Crynent
I gynnwrf cricedi.

Yma
Mae torch o blastig yn y glaw . . .
Nid y blodyn hwnnw a blethwyd ynddi.

Nesta Wyn Jones, *Ffenestr Ddu*, Llandysul, 1973

fin nos	*in the twilight*	cynnwrf	*agitation*
syllu	*to stare*	cricedi	*crickets*
gwyll	*darkness*	torch	*wreath*
cleisiau	*bruises*	plethwyd	*was plaited*
crynent	*they quivered*		

CYSGODION

Na, ni welsom ni ddyddiau y ddau Ryfel Byd.
Fe'n ganed pan gliriai'r llwch
Oddi ar olion y lladd a'r llosgi.
Ni fu achos i'n lleisiau ni gracio
Wrth erfyn am 'fara beunyddiol',
Ac ni ddiflannodd rhai annwyl inni
Heb inni wybod yr amser a'r amgylchiadau
Yn fanwl.
    Etifeddion yr oes feddal,
A'n byd yn . . . weddol wyn,
Ond efallai y daw arlliw o euogrwydd weithiau,
Yn sgîl ambell 'sgytwad brwnt
O weld neu glywed rhannau o'r hyn a fu
Yn y dyddiau duon,
Darnau sy'n serio i'n hymwybyddiaeth
Brofiadau rhy ddieithr i ni eu hamgyffred.

---

cysgodion	*shadows*	gweddol wyn	*relatively blissful /*
ni welsom	welon ni ddim		*untroubled / joyous*
fe'n ganed	*we were born*	arlliw	*trace*
cliriai'r llwch	*the dust was clearing*	euogrwydd	*guilt*
olion	*remains*	yn sgîl	*in the wake of*
cracio	*to crack*	'sgytwad brwnt	*cruel shock*
erfyn	*to plead*	dyddiau duon	*dark days*
bara beunyddiol	*daily bread*	darnau	*pieces*
amgylchiadau	*circumstances*	serio	*to sear*
yn fanwl	*in detail*	ymwybyddiaeth	*consciousness*
etifeddion	*inheritors*	dieithr	*strange*
oes feddal	*soft age*	amgyffred	*to comprehend*

Y wraig honno, gynt, ym Melsen,
Â'i phwyll yn gareiau yn y llanast o'i chwmpas
Yn mynnu magu ar atgof o fraich, ei phlentyn
Marw.
    Y corff hwnnw'n hongian mewn camystum digrif
Fel bwgan brain wedi gorffen ei waith
Ar weiren bigog,
A phenglog ddanheddog dan ei helmed ddur.
    Y cannoedd gwyn eu gafael, yn farw gorn,
Eu hasennau fel 'styllod golchi,
A'u boliau'n gafnau gwag,
Gweddillion arswydus y poptai nwy.
    Y rhesi trefnus o groesau gwynion
Mor gythreulig ddistaw o niferus
Fel na allwn goelio
Fod y fath gyfrif
Yn gorwedd yno.

---

pwyll	*sanity*	gafael	*hold*
careiau	*ribbons, shreds*	yn farw gorn	*stone dead*
llanastr	*chaos*	asennau	*ribs*
mynnu	*to insist*	'styllod golchi	*washtub ridges*
magu	*to nurse*	cafnau gwag	*empty hollows*
atgof	*memory*	gweddillion	*terrible remnants*
camystum	*contortion*	arswydus	
digrif	*amusing*	poptai nwy	*gas ovens*
bwgan brain	*scare-crow*	rhesi trefnus	*orderly rows*
weiren bigog	*barbed wire*	croesau	*crosses*
penglog	*toothy skull*	mor gythreulig	*so damned silently*
ddanheddog		ddistaw o niferus	*numerous*
helmed ddur	*steel helmet*	coelio	credu: *to believe*
gwydn	*tenacious*	y fath gyfrif	*so many*

Na, ni wyddom ni ddim am y dyddiau hynny,
Dim ond clywed weithiau
Am ryw ddigwyddiadau y tu hwnt i ddeall
Cyn ein hamser ni.
Ond fel y codai'r llwch yn araf
Oddi ar olion y lladd a'r llosgi,
Tybed na chlywsom ninnau dyndra eco rhyw sgrech
Fel yr 'hedai yr hen eryr barus tua'r gorwel,
A chysgod ei aden oer
Yn ein fferru ninnau, am eiliad,
Cyn ymadael.

Nesta Wyn Jones, *Cannwyll yn Olau*, Llandysul, 1969

digwyddiadau	*events*	hedai	*flew*
tu hwnt	*beyond*	eryr barus	*greedy eagle*
tybed na chlywsom	*didn't we hear*	aden	*wing*
	I wonder	fferru	*to freeze*
tyndra	*tension*	ymadael	*to leave*
sgrech	*shriek*		

RHAN OHONA I

Alla i ddim dy rwbio di allan
O 'mrêns
Hefo rhwbiwr, wsti.

Rwyt ti yno
Yn lojio
Fel rhyw dderyn bach
Dan fondo fy nhŷ,
Fel llyffant
Yng ngwaelod y ffynnon.
Fel llygoden fach
Tu hwnt i'r sgertin.

A phan fydda i'n llwyr gredu
Dy fod di wedi mynd,
Dwi'n cael cip arnat ti, fel hyn,
Mewn breuddwyd . . .

Blydi niwsans, yn dwyt?

Nesta Wyn Jones, *Dawns y Sêr*, Llandysul, 1999

rhan	*part*	bondo	*eaves*
alla i ddim dy	*I cannot erase*	llyffant	*toad*
rwbio di allan	*you*	ffynnon	*well*
brêns	*brain, head*	llygoden	*mouse*
efo (GC)	*gyda*	tu hwnt	*beyond*
rhwbiwr	*rubber*	sgertin	*skirting*
wsti (GC)	*you know*	llwyr gredu	*truly believe*
lojio	*to lodge*	cael cip ar	*to catch a glimpse of*
deryn	*bird*	yn dwyt? (GC)	*aren't you?*

CÂN NIA

Beth yw dagrau?
Coch betalau
Ar fy ffenest i . . .

Beth yw hiraeth?
Môr a'i alaeth
Rhyngot ti a mi.

Taflaf flodau
Ar y tonnau …
Gwrando ar y môr a'i ru.
Does ond dyfnder môr all ddirnad
Maint fy ngholled i.

Nesta Wyn Jones, *Dawns y Sêr*, Llandysul, 1999

dagrau	*tears*	dyfnder	*depth*
petalau	*petals*	gall	*can*
alaeth	*grief, sorrow*	dirnad	*to comprehend /*
rhyngot ti a mi	*between you and me*		*fathom*
taflaf flodau	*I throw flowers*	maint fy ngholled i	*the extent of my*
tonnau	*waves*		*loss*
rhu	*roar*		

CENEDL

Ei charu, ond â chwerwedd; – ei serchus
Warchod ag eiddigedd,
Ac â'r bâl agor ei bedd
Er dyheu na ddaw'r diwedd.

Alan Llwyd, *Oblegid fy Mhlant*, Caernarfon, 1986

cenedl	*nation*	pâl (DC)	rhaw: *spade*
chwerwedd	*bitterness, rancour*	bedd	*grave*
serchus	*affectionately*	er dyheu	*although it*
gwarchod	*to guard / safeguard /*		*desperately hopes*
	protect	diwedd	*end*
eiddigedd	*jealousy, envy*		

98

Y CYMRY CYMRAEG

Ni yw'r rhai sy'n barhaol – er ein trai,
    Er ein tranc beunyddiol,
    Y rhai sydd wastad ar ôl;
Ni yw'r gweddill tragwyddol.

Alan Llwyd, Oblegid fy Mhlant, Caernarfon, 1986

y rhai	*the ones*	gwastad	*always*
parhaol	*permanent*	ar ôl	*left*
trai	*ebb*	gweddill	*remnants*
tranc	*death*	tragwyddol	*eternal*
beunyddiol	*daily*		

RHOSYN

Peth od
yw'r rhosyn yma
sy'n blodeuo'n dyner
ac yn llenwi'r ystafell
ag arogleuon.

Mae melfed ei wrid
yn debyg i rudd
diniweidrwydd.

Peth od hefyd
yw teimlo cnawd
meddal y petalau
rhwng y bysedd.
Fel ar ddiwrnod o Wanwyn
pan mae un yn synhwyro rhywbeth
ac yn gafael arno'n dynn am eiliad
– am eiliad digyfnewid –

rhywbeth anfeidrol
na fydd byth yn troi'n Haf.

Geraint Jarman, *Eira Cariad*, Llandybïe, 1970

---

rhosyn	*rose*	meddal	*soft*
blodeuo'n dyner	*to gently flower*	synhwyro	*to sense*
arogleuon	*perfume*	gafael arno'n dynn	*to grasp it firmly*
melfed	*velvet*	eiliad	*second*
gwrid	*blush*	digyfnewid	*unchanging*
grudd	*cheek*	anfeidrol	*infinite*
diniweidrwydd	*innocence*	byth	*never*

YN Y NOS

Yn y nos
mae'r nyrs Americanaidd
yn newid y rhwymau,

(unwaith eto mae'r gwely'n
wlyb ac yn goch)

mae ei llais yn gynnes
a'i symudiadau'n sicr.

(Bu farw hen ddynes yn *y cancer ward* heddiw,
dim ond awr ar ôl i mi
gael sgwrs â hi.
Mae ei mab yn chwarae i ail dîm Casnewydd).

Troi ar fy mola
ac mae popeth yn ddu,
mwy o gyffuriau i'm tywys i gysgu.

(Tybed a fedra'i gysgu hyd y bore
y tro hwn?)

Credaf ei bod yn dod o Ohio,
a'i hoff ganwr yw Stephen Stills.

Geraint Jarman, *Cerddi Alfred Street*, Llandysul, 1976

---

rhwymau	*bandages*	bola	*belly*
symudiadau	*movements*	cyffuriau	*drugs*
ail dîm	*second team*	tywys	*to guide*
Casnewydd	*Newport*	hoff ganwr	*favourite singer*

TEG?

Ges i rhain ar y Sêl.
Gostion nhw dri deg pump yn lle saith deg,
ar y cyfan wedwn i, bargen deg.

Ges i saith deg am eu gwneud.
Rwy'n gwnïo cannoedd o'r rhain bob wythnos hir.
Tri deg pump ceiniog am bob Nike a dweud y gwir.

Ond yma
yn Indonesia
bargen deg oedd cael y jòb i ddechra'.

Einir Jones, *Berw'r Pair,* gol. John Emyr, Llangefni, 1995

teg	*fair*	wedwn i	*I would say*
ges i	*I had / got*	bargen	*bargain*
rhain	*these*	gwnïo	*to sew*
sêl	*sale*	cannoedd	*hundreds*
gostion nhw	*they costed*	gwir	*truth*
ar y cyfan	*on the whole*	i ddechra'	*to start*

102

DIFLANIAD FY FI

Bûm i'n Fi unwaith
Ond ni allaf ddweud fy mod
    erbyn hyn.
Rhywun arall sydd yn fy lle,
    yn fy nynwared.

Beth, tybed, sydd wedi digwydd i fy Fi?

Bûm i'n fywiog unwaith
Ond ni allaf ddweud fy mod
    erbyn hyn.
Rhywun arall sydd yn gweithredu
    ar fy rhan.

Beth, tybed, sydd wedi digwydd i fy mywiogrwydd?

Bûm i'n ffraeth unwaith
Ond ni allaf ddweud fy mod
    erbyn hyn.
Rhywun arall sydd yn difyrru
    fy nghynulliad.

Beth, tybed, sydd wedi digwydd i fy ffraethineb?

Be' ddigwyddodd i fy Fi?
A phwy yw hwn sydd yn fy lle?

Mihangel Morgan, *Diflaniad Fy Fi*, Llandybïe, 1988

---

diflaniad fy Fi	*disappearance of my Me*	ar fy rhan	*on my behalf*
erbyn hyn	*any more*	bywiogrwydd	*liveliness*
dynwared	*to imitate*	ffraeth	*witty*
bywiog	*lively*	difyrru	*to amuse*
gweithredu	*to act*	cynulliad	*gathering, company*
		ffraethineb	*wit*

103

GODDEF DIM

(Cyfnod newydd, agwedd newydd – wedi darllen *Zero Tolerance,* Jan Morris, Cambria, Hydref 1998.)

Ni allwn dderbyn
    gan saer maen, wal simsan;
    gan faswr, eiliad wan;
    gan döwr, lechen rydd;
    gan gamera, gelwydd;

    gan dafarnwr, gwrw gwael;
    gan fywyd, golli gafael;
    gan drefn, lai na'r dynol;
    gan bennaeth, gam yn ôl;

goddef	*to tolerate*	celwydd	*lie*
cyfnod	*era*	tafarnwr	*publican*
agwedd	*attitude*	cwrw	*beer*
saer maen	*stone-mason*	gafael	*grip, grasp*
simsan	*rickety*	trefn	*order*
maswr	*outside-half, fly-half*	lai na'r dynol	*less than what is*
eiliad wan	*weak moment*		*human*
töwr	*roofer*	pennaeth	*chief, head*
llechen	*slate*	cam yn ôl	*a step back, retreat*
rhydd	*loose*		

gan wleidydd, weledigaeth trwy ddŵr;
gan lawenydd, lai na dwndwr;
gan ddawn, waith ffwrdd â hi;
gan ddychymyg, ddiogi;

gan freuddwyd, fethiant;
gan fam, wenwyno ei phlant;
gan awdurdod, chwarae ffŵl;
gan gariad, ond y cwbwl

ac ni dderbyniwn chwaith
gan was, ddirmyg iaith.

Myrddin ap Dafydd, *Pen Draw'r Tir*, Llanrwst, 1998

gwleidydd	*politician*	gwenwyno	*to poison*
gweledigaeth	*vision, brainwave*	awdurdod	*authority*
llawenydd	*happiness, joy*	chwarae ffŵl	*to play the fool*
dwndwr	*hubbub, clamour*	cwbl	*everything*
dawn	*talent*	ni dderbyniwn	*we do not accept*
gwaith ffwrdd â hi	*slap-dash work*	chwaith	*either*
dychymyg	*imagination*	gan was	*from a servant*
diogi	*laziness*	dirmyg iaith	*contempt for the*
breuddwyd	*dream*		*language*
methiant	*failure*		

Y TRYDYDD BYD

Cawn eu reis at ein heisiau,
cawn ŷd, cawn eu mêl a'u cnau,
cawn eu ffrwythau gorau i gyd,
hufen eu daear hefyd;
ni, lydan ein waledi –
byd noeth sy'n ein bwydo ni.

Gwelwn eu plant yn swnian,
y bol gwag a'r ymbil gwan,
isio byw ar fymryn sbâr;
gwelwn lygaid eu galar
a thrwy logau banciau byd,
gwelwn holl aur eu golud.

Trydydd Byd	*Third World*	bwydo	*to feed*
reis	*rice*	swnian	*to whimper*
at ein heisiau	*for our needs*	bol gwag	*empty stomach*
ŷd	*corn*	ymbil	*to beg*
mêl	*honey*	gwan	*weak*
cnau	*nuts*	isio (GC)	*eisiau*
ffrwythau	*fruits*	mymryn sbâr	*leftovers*
gorau i gyd	*very best*	galar	*mourning, grief*
hufen	*cream*	llogau	*interest*
daear	*land*	banciau byd	*world banks*
llydan	*fat*	holl	*all*
waledi	*wallets*	aur	*gold*
noeth	*bare, exposed*	golud	*wealth, riches*

Rhown geiniog prynu gwenith
i'w gwlad, powlennaid o'n gwlith,
a llwch dyngarol ein llaeth
a gwên hael yn gynhaliaeth;
ni, lawn o bob haelioni –
byd noeth sy'n ein bwydo ni.

Myrddin ap Dafydd, *Pen Draw'r Tir,* Llanrwst, 1998

rhown	*we give*	dyngarol	*humanitarian*
prynu	*to purchase*	gwên	*smile*
gwenith	*wheat*	hael	*generous*
powlennaid	*bowlful*	cynhaliaeth	*sustenance, support*
gwlith	*dew*	llawn o bob	*full of every*
llwch	*dust*	haelioni	*generosity*

JOHN LENNON

Fe aned yr wythdegau'n dy waed,
a ninnau ar y pryd
heb y geiriau i'th farwnadu:

y rhai ohonom a fagwyd
i'th weld yn estron hirwalltog,
yn swnllyd ddu a gwyn
ar ein sgriniau anghydffurfiol,
ond a dyfodd i edmygu
gonestrwydd noeth dy gariad:

bûm yn gwrando dy gyfoedion
yn darllen cerddi mewn neuadd foethus,
cerddi serch a hiraeth,
a'th ddychmygu yno'n rhegi'r gweddusrwydd:

---

ar y pryd	*at the time*	edmygu	*to admire*
marwnadu	*to elegise*	gonestrwydd noeth	*naked honesty*
y rhai ohonom	*those of us who*	cyfoedion	*contemporaries*
a fagwyd	*were brought up*	cerddi	*poems*
estron hirwalltog	*long-haired stranger*	neuadd foethus	*luxurious hall*
swnllyd	*noisy*	cerddi serch	*love poems*
sgriniau	*nonconformist*	dychmygu	*to imagine*
anghydffurfiol	*screens*	rhegi'r	*to curse the*
tyfodd	*grew*	gweddusrwydd	*propriety*

108

bûm yn gwrando dy ganeuon
ar nos Sul o wanwyn,
a'r wythdegau'n bwrw'u
gorchest a'u gormes a'u gwanc
yn ddafnau anoddefol ar y toeau budur,
a'r llais cras yn fud
a allasai'n cysuro:

yn hwyr y dydd rhof y nodwydd yn ôl
ac ail redeg y record:
mae clec bwled wallgo 'mhob curiad,
fe aned yr wythdegau'n dy waed.

Iwan Llwyd, Dan Anesthetig, Caerdydd, 1987

caneuon	*songs*	a allasai'n cysuro	*which could have*
gorchest	*exploits*		*comforted us*
gormes	*oppression*	nodwydd	*needle*
gwanc	*greed*	clec bwled wallgo	*the bang of a mad*
dafnau anoddefol	*intolerant drops*		*bullet*
toeau budur	*dirty roofs*	'mhob curiad	*in every beat*
llais cras	*harsh voice*	fe aned yr	*the eighties were*
mud	*silent*	wythdegau	*born*

RHYWUN ADWAENWN GYNT

peth hynod dorcalonnus
yw bod yn "rhywun adwaenwn gynt"
yn hen gân serch a glywir o bell
ac yn brofiad darfodedig
yng ngorffennol rhywun tyner
fu'n gywely imi unwaith
a chyd-enaid,
ond sy'n ddieithr imi erbyn hyn.

aeth hanes dau yn ddau hanes:
rwy'n dusw o ddyddiau glawog a heulog
ac yn ddyrnaid o hen lythyron
yn hanes rhywun adwaenwn gynt.

Steve Eaves, *Noethi,* Caernarfon, 1983

rhywun	*someone I once*	cyd-enaid	*soul mate*
adwaenwn gynt	*knew*	dieithr	*strange, unknown*
hynod	*remarkably*	erbyn hyn	*by now*
torcalonnus	*heart-breaking*	hanes	*history, story*
cân serch	*love song*	tusw	*bunch, posy*
clywir	*is heard*	glawog	*rainy*
o bell	*from afar*	heulog	*sunny*
darfodedig	*transient*	dyrnaid	*fistful*
tyner	*gentle*	llythyron	*letters*
cywely	*bedmate, partner*		

ROBIN GOCH

Robin goch ddaeth ar y rhiniog
I ofyn tamaid heb 'run geiniog,
Gan ddywedyd mor ysmala:
"Mae hi'n oer, mi ddaw yn eira."

Dywedais innau'n hynod dirion:
"Cau dy big y lembo gwirion!
Sut daw hi'n eira'r cythraul c'lwyddog,
A hithau'n haf hirfelyn tesog?"

A dyna blannu 'nhroed yn union
Mewn rhyw fan o dan ei gynffon,
Yna dwedyd yn ysmala:
"Mwynha dy siwrnai bach i Jeina!"

---

rhiniog	*threshold*	cythraul	*lying devil*
tamaid (GC)	bwyd	c'lwyddog	
heb 'run geiniog	*without a penny*	haf hirfelyn tesog	*long, sunny and hot*
ysmala	*droll*		*summer*
mi ddaw yn eira	*it will come to snow*	yn union	*exactly*
hynod dirion	*very gently*	cynffon	*tail*
cau dy big	*shut your beak*	siwrnai	*journey*
y lembo gwirion	*you silly fool*	bach	*little one*
		Jeina	*China*

111

Ond bore heddiw, dyma ddeffro
A chael fy ngwely'n eira drosto.
Oer a b'rugog oeddwn innau,
A phib Onwy rhwng fy nghoesau . . .

Ie, Robin Goch ddaeth ar y rhiniog
I ofyn tamaid heb 'run geiniog,
O! Os daw acw dderyn diarth,
Dyro iddo stecsan anfarth.

Twm Morys, *Ofn Fy Het*, Llandybïe, 1995

eira drosto	*covered in snow*	deryn diarth	*strange bird*
b'rugog	*covered in hoar-frost*	dyro iddo	rho iddo: *give him*
		stecsan anfarth	*huge steak*
pib Onwy	*Onwy's pipe.* Chwarae â geiriau mae'r bardd yma. Ystyr 'pibonwy' yw *icicles.*		

LLE GWAG

Mae hi'n ei garu o bell
a'i dwylo'n cwpanu
fflam ei dyhead
wrth i'r nos gau.

Fo ydi'r rhith
sy'n cynnal ei gobeithion,
yn frau fel yfory
rhwng swigod y sebon-golchi-llestri;
mae'r platiau glân yn sgleinio fel tlysau,
yn tystio i'r cyfamod a wnaed
mor gynnar yn y dydd
pan oedd yr eglwys yn oer.

o bell	*from afar*	brau	*brittle, fragile*
cwpanu	*to cup*	swigod	*bubbles*
fflam	*flame*	platiau	*plates*
dyhead	*aspiration, yearning*	sgleinio	*to shine / sparkle*
cau	*to close*	tlysau	*jewels, gems*
fo (GC)	fe	tystio	*to testify*
rhith	*phantom*	cyfamod	*covenant*
cynnal	*to sustain*	a wnaed	a gafodd ei wneud

A phan ddaw'r pnawn yn hwyr
gan esgus bod yn nos
mae hi'n hulio'r bwrdd
i'r gŵr cyfreithlon â'r llwch ar ei ddwylo,
yn gosod ei haddunedau
yn daclus o'i flaen
rhwng y cyllyll a'r ffyrc.

Heno, a'r dydd wedi'i blygu mewn drôr
caiff gydorwedd â'r freuddwyd
sy'n llithro ati rhyngddyn nhw ill dau
i'r lle gwag yng nghanol y gwely.

Sonia Edwards, Y Llais yn y Llun, Caernarfon, 1998

---

yn hwyr	*late*	cyllyll a'r ffyrc	*knives and forks*
esgus	*to pretend*	plygu	*to fold*
hulio'r bwrdd	*to lay the table*	drôr	*drawer*
cyfreithlon	*legitimate*	caiff	*she can*
llwch	*dust*	cydorwedd	*to lie together / side*
gosod	*to put / place*		*by side*
addunedau	*vows*	llithro	*to slide*
yn daclus	*tidily*	rhyngddyn nhw	*between the two*
o'i flaen	*in front of him*	ill dau	*of them*

114

PEDWAR TUSW

Mae hi'n flwyddyn
neu fwy
ers i mi gofio gweld blodau
yn garped
ar ochr y lôn.
Marw ifanc sydyn
annisgwyl yn y car
un noson ddiofal fan hyn.
Noson gêm bêl-droed Cymru.
Môr o flodau
yn dangos cymdogaeth dda
yn rhannu'r galar.

lôn	*road*	môr o flodau	*sea of flowers*
annisgwyl	*unexpected*	cymdogaeth	*neighbourhood*
diofal	*careless*	rhannu'r galar	*to share the grief*

115

Mynd heibio eto
yn nhrymder Tachwedd
a chofio'n sydyn am y fan
lle gwelwyd y carped lliw,
a meddwl mor fuan yr anghofiwn;
nes gweld ar fainc wrth y blwch ffôn
bedwar tusw ffres
i gofio'r pedwar llanc
a yrrodd i'w tranc.

Blodau mor ir â'r colli
heb ffordd osgoi iddynt.

Aled Lewis Evans, *Mendio Gondola*, Llandybïe, 1997

trymder	*heaviness, sadness*	llanc	*bachgen*
buan	*soon, quick*	a yrrodd i'w tranc	*who drove to their*
anghofiwn	*we forget*		*death*
mainc	*bench, seat*	ir	*green, succulent*
blwch ffôn	*telephone booth*	ffordd osgoi	*bypass*

HEN WLAD FY DAD

'Heddiw 'dan ni'n mynd i ddysgu'r Anthem
Genedlaethol achos ein bod ni wedi'n magu yng
Nghymru.
Gadewch i chi fod yn well na Ryan Giggs, rŵan.
'Dio'm yn siŵr o'r geiriau ar ddechrau gêm . . .
Gwlad beirdd . . .
Be' 'di un o'r rheiny?'

'Dead.'

'Na.'

'Alive.'

'Na.'

'The Living Dead?'

'Enwogion o fri . . . enwch Gymry enwog . . .'

'Mark Hughes'
'Tim Vincent'
'Shirley Bassey'
'Tom Jones'
'Hannibal the Cannibal'

'dan ni'n mynd (GC)	rydyn ni'n mynd	'dio'm yn siŵr ... (GC)	dydy e ddim yn siŵr ...
Anthem Genedlaethol	*National Anthem*	beirdd	*poets*
		enwogion	*famous or renowned people*
rŵan (GC)	nawr (DC)		
		bri	*fame, honour*

117

'*Fi!*' gwaeddodd Larry.
'*Oh no, I forgot,*
I'm English.'

'Nac wyt ti'n byw yn Wrecsam?'

'*I was born in Northampton*
ond roedd hen taid fi yn Jones.'

'Ei gwrol ryfelwyr . . .
Pobl yn ymladd dros eu gwlad.'

'Vietnam fel Rambo?'

'Naci, ddim cweit –
Cilmeri fel Llywelyn.
Nid 'mad' Saesneg ydy o
ond *mad*.
Be' 'di ystyr y llinell nesaf?'

'*They lost their blood.*'

---

nac wyt ti'n byw...?	wyt ti ddim yn byw...?	gwrol ryfelwyr	*brave, courageous warriors*
hen daid	*great grandfather*	naci (GC)	nage

Cilmeri	Yma y cafodd Llywelyn ap Gruffydd (*c.* 1225-1282) 'Y Llyw Olaf' ('*The Last Prince*') ei ladd gan filwyr Seisnig ar 11 Rhagfyr, 1282. Anfonwyd ei ben at y Brenin i'w arddangos (*for exhibition*) yn Llundain a chladdwyd gweddill ei gorff (*remainder of his body*) yn abaty Cwm-hir (*abbey of* Cwm-hir). Codwyd cofeb (*memorial*) iddo ger pentref Cilmeri, Brycheiniog (*Breconshire*), nid nepell (*not far*) o'r man y cafodd ei ladd. Daeth hon yn un o gyrchfannau (*rallying-places*) Cenedlaetholwyr Cymreig (*Welsh Nationalist movement*) er ei chodi (*since it was erected*) yn 1956.
mad	*good, seemly*

118

'Gwlad, Gwlad . . . Pleidiol wyf . . .
Be' 'di hwnne?'

'MP's. Plaid Cymru.
Me Dad votes for 'em like . . .'

'Tra môr yn fur i'r bur hoff *bau . . .'*

''Dwi'n cael hwnnw o hyd . . .'

'Be' rŵan eto, Lucy?'

'Y bai.'

'Ac wrth gwrs 'dan ni isio i'r iaith barhau –
dal ymlaen.
Pa iaith, blant?'

'Klingon – iaith Star Trek.'

'Beam me up, Scottie!'

Aled Lewis Evans, *Mendio Gondola*, Llandybïe, 1997

---

pleidiol	*partial, favourable*	pur	*pure*
hwnne	hwnna	pau	gwlad
mur	*wall, rampart,*	bai	*blame*
	defender or	parhau	*to continue / survive,*
	protector		*persevere*

DACHAU

(Yn dilyn ymweliad yn Hydref 1994. Y cyntaf o 50 o wersylloedd crynhoi a sefydlwyd wedi i Hitler ennill grym ym 1933. Yma crynhowyd arweinwyr mudiadau gwrth-Natsïaidd. Rhoddwyd yma erbyn diwedd y rhyfel siamberi nwy, ond ni chawsant eu defnyddio.)

'Bydd hi'n dri o'r gloch
arnom ni'n cyrraedd
Dachau,'
gwaeddodd y gyrrwr bws
yn agored,
wedi hen arfer.

Tri.
Croeshoelio.
Angau'r Groglith.
Mae hi'n anodd hel *souvenirs*
yn Dachau.

---

ymweliad	*visit*	rhyfel	*war*
gwersylloedd	*concentration*	siamberi nwy	*gas chambers*
crynhoi	*camps*	ni chawsant eu	*they were not used*
sefydlwyd	*were established*	defnyddio	
crynhowyd	*were assembled*	hen arfer	*well accustomed*
grym	*power*	croeshoelio	*to crucify*
arweinwyr	*leaders*	angau'r Groglith	*Good Friday's death*
mudiadau	*anti-Nazi*	anodd	*difficult*
gwrth-Natsïaidd	*movements*	hel	*to collect*

120

Cytiau poblog, afiach
dan chwip destlusrwydd;
ystafelloedd yng nghefnau cydwybodau
rhai a fu yma'n gweinyddu'r Drefn.
Ystafelloedd nad ydynt
yn diflannu
fel hisian nwy.

Cerddaf yn gyflym
drwy amgueddfeydd o ddelweddau,
ac er mor anodd ei wneud,
arwyddo enw
ar lyfr ymweld
Dachau,
fel ymgais hardd
i ddymuno
na welir pentyrrau
o esgidiau fyth eto;
fel nad oes raid
i gerddorfa Auschwitz
fyth chwarae'r fath
gelwydd
gwag o gytgord
eto.

---

cytiau poblog	*crowded huts*	arwyddo	*to sign*
afiach	*unhealthy*	llyfr ymweld	*visitor's book*
chwip	*whip*	ymgais hardd	*handsome attempt*
destlusrwydd	*neatness, tidiness*	dymuno	*to wish*
cydwybodau	*consciences*	pentyrrau	*heaps, piles, stacks*
rhai a fu yma	*those who were here*	esgidiau	*shoes*
gweinyddu'r	*to administer the*	cerddorfa	*orchestra*
Drefn	*Law*	math	*such*
diflannu	*to disappear*	celwydd	*lie, untruth*
hisian nwy	*hissing of gas*	gwag	*empty*
amgueddfeydd	*museums*	cytgord	*harmony, agreement*
delweddau	*images*		

Braenarodd ein grŵp yn unigolion
fel hen gydwybod
i gael crwydro'n dawel.
Ceir y Dachaustrasse
yn prysuro adre'
o'u gwaith gerllaw.
Braf fydd boddi
ym mhrysurdeb y presennol
cyn hir.

Dachau –
wedi cau ar ddydd Llun,
ond byth ar gau
i'r bobl â'r 'stafelloedd ynghlo yn eu co'
sy'n gorfod tramwyo
córidor cyndyn cydwybod
a gweld yr enw
ar y drws.
Dachau.

---

braenarodd	*dispersed*	cyn hir	*before long*
unigolion	*individuals*	wedi cau	*closed*
cydwybod	*conscience*	byth ar gau	*never closed*
crwydro	*to wander*	'stafelloedd ynghlo	*rooms locked in*
ceir	*cars*	yn eu co'	*their memories*
prysuro	*to hurry*	gorfod tramwyo	*having to travel*
gerllaw	*near by*	córidor cyndyn	*the stubborn*
boddi	*to drown*	cydwybod	*corridor of*
prysurdeb	*hurry, bustle, activity*		*conscience*
presennol	*present*		

Croeshoelio.
Darfod
am dri o'r gloch y prynhawn.

'Welsoch chi mo'r cawodydd
a'r siamberi nwy 'ta?'

Mae'n well cadw rhai 'stafelloedd
i'r dychymyg.

Aled Lewis Evans, *Mendio Gondola*, Llandybïe, 1997

darfod	*to perish*	mae'n well	*it is better*
'welsoch chi	*didn't you see the*	dychymyg	*imagination*
mo'r cawodydd	*showers*		

123

'CAPE ORANGES'

'O ble daw y ffrwythau melys?'
gofynnais iddi'n gu.
'O Dde Affrig,' medda hitha;
'Pam gofyn, del? Be sy?'
Ar fy union fe'u gwrthodais
ar sail wleidyddol cry.
'Dwi'n dallt yn union cariad bach
– hen ddwylo budron du!'

Ifor ap Glyn, *Holl Garthion Pen Cymro Ynghyd*, Tal-y-bont, 1991

---

ffrwythau	*fruits*	ar sail wleidyddol	*on strong political*
melys	*sweet*	cry	*grounds*
cu	*dearly, fondly*	dallt (GC)	deall
del (GC)	*pretty one*	yn union	*exactly*
ar fy union	*at once*	budron	*dirty*

124

AILGYLCHU

Mae wedi dod yn ddefod bob nos Iau:
teithio 'lan i Asda yn y car,
â bag o hen boteli a phapurach
i'w tywallt i'w costrelau neilltuol,
fel pe bawn yn porthi rhyw beiriant
y mae gwastraff iddo'n wledd.

Porthi fy nghydwybod yr ydwyf, mewn gwirionedd,
buddsoddi ym manc fy nhawelwch meddwl
cyn llwytho'r car â gloddest wythnos arall,
a gludwyd i Flaenau'r Cymoedd o'r pedwar ban:
coffi o Golombia, ffrwythau o Sbaen,
pysgod o fôr Siapan.

---

ailgylchu	*to recycle*	buddsoddi	*to invest*
defod	*custom*	tawelwch meddwl	*clear conscience*
papurach	*waste paper*	llwytho	*to load*
tywallt	*to pour*	gloddest	*gluttony*
costrelau neilltuol	*separate containers*	a gludwyd	*which was*
porthi	*to feed*		*transported*
gwastraff	*waste*	Blaenau'r	*Heads of the*
gwledd	*feast*	Cymoedd	*Valleys*
mewn gwirionedd	*in truth, really*	pedwar ban	*four corners*

Â'r peiriant yn blingo planed
i stwffio storfeydd fel hyn,
'dwi'n amau'n wir pam 'dwi'n casglu
degwm o'r teilchion
i'w hoffrymu yn ôl.
Ai dim ond i gadw'r olwynion dur i droi
am ddegawd arall o ddifrod?

Ar y bryniau uwchben y cwm
mae llafnau'r melinau gwynt yn troelli:
olwynion pyllau newydd y cymoedd hyn
yn pladuro prydferthwch;
cyfalaf yn cloddio awyr
fel y gwaedwyd y bryniau glo,
am elw estron bob tro.

blingo	*to skin*	llafnau	*blades*
stwffio storfeydd	*to stuff depots*	melinau gwynt	*windmills*
amau	*to doubt*	troelli	*turn*
degwm o'r	*a tenth of the*	pyllau	*pits*
teilchion	*fragments*	pladuro	*to scythe*
offrymu	*to offer*	prydferthwch	*beauty*
olwynion dur	*steel wheels*	cyfalaf	*capital*
degawd	*decade*	cloddio	*to excavate*
difrod	*devastation, damage*	gwaedwyd	*were bled*
bryniau	*hills*	elw estron	*foreign profit*
uwchben	*above*		

126

Teimlaf weithiau,
yn lle cynilo carthion,
mai rheitiach fyddai afradu pob adnodd;
eu llosgi nhw'n llawen – olew, nwy, glo;
eu claddu nhw'n galonnog – papur, plastig, tún,
nes newynu'r gwenwynwr,
nes llwgu'r llygrwr,
nes i fecanwaith cynnydd rygnu, rhydu, rhewi,
ynghynt, nid wedyn;
nes i gylch llonyddwch ailymledu o'i amgylch.

---

cynilo carthion	*to save refuse*	llygrwr	*polluter*
rheitiach	gwell: *better*	mecanwaith	*mechanism of*
afradu	*to waste*	cynnydd	*progress*
adnodd	*resource*	rhygnu	*to grate*
olew	*oil*	rhydu	*to rust*
tún	*tin*	rhewi	*to freeze*
claddu	*to bury*	ynghynt	*quicker*
yn galonnog	*cheerfully*	cylch llonyddwch	*circle of stillness*
newynu	*to starve*	ailymledu	*respread*
gwenwynwr	*poisoner*	o'i amgylch	*around it*
llwgu	*to suffer from extreme hunger*		

127

Dim ond weithiau.
Yr hyn a wnaf, bob nos Iau –
o dan ba obaith ynfyd 'dwn i ddim –
yw bancio gweddillion fy ngormodedd yn ufudd,
yn gybyddlyd gyhoeddus,
fel y gall rhod y rheibiwr barhau i droi.

Grahame Davies, *Adennill Tir,* Caernarfon, 1997

dim ond	*only*	yn gybyddlyd	*publicly mean*
gobaith ynfyd	*foolish hopes*	gyhoeddus	
bancio gweddillion	*to bank the remains*	rhod	*wheel*
gormodedd	*excess*	rheibiwr	*despoiler*
ufudd	*obediently*	parhau	*to continue*

DIY

Mae angen gwaith ar Neuadd y Gweithwyr,
mae chwyn yn tyfu yng nghraciau ei chrandrwydd;
a llechi'r to wedi'u dwyn —
llechi adeiladau gwag
    yw un o adnoddau naturiol ola'r cwm.

Neuadd, capel, clwb;
hanfodion cymdeithas unwaith,
yn gregyn, yn amgueddfeydd heb ymwelwyr;
fel hen bobl a'u plant wedi'u gadael.
Nid oes gan y gymuned bellach ddigon o'u hangen
i'w cynnal a'u cadw.

Neuadd y Gweithwyr	*Workers' Hall*	unwaith	*once*
		cregyn	*shells*
chwyn	*weeds*	heb ymwelwyr	*without visitors*
crandrwydd	*grandness*	wedi'u gadael	*having left them*
llechi'r to	*roof slates*	cymuned	*community*
wedi'u dwyn	*stolen*	bellach	*any longer*
adeiladau	*buildings*	digon o'u hangen	*enough need for them*
un o adnoddau	*one of the last*		
naturiol ola'r	*natural resources*	i'w cynnal a'u cadw	*to maintain them*
cwm	*of the valley*		
hanfodion	*essentials*		
cymdeithas	*society*		

Er bod digon o gynnal a chadw'n digwydd yn y cwm.
Mae cannoedd wrthi â morthwyl a llif bob dydd,
ond pawb-drosto'i-hun yw hi bellach;
nid cyd-ddyheu sy'n codi estyniad.
newid cegin, codi sièd.

Y siopau DIY yw canolfannau newydd
ein hunigoliaeth;
treuliwn oriau o'n hamdden
yn y neuaddau gyrion-tre'
yn prowla fesul un, fesul dau,
hyd ddrysfa o ddewisiadau
a'n byd ar chwâl yn fil o ddarnau bychain
    mewn blychau o'n cwmpas,
fel cyrbibion gwareiddiad.

digwydd	*to happen*	cyrion-tre'	*on the outskirts of*
morthwyl a llif	*hammer and saw*		*town*
pawb-drosto'i-hun	*every man for*	prowla	*to prowl*
	himself	fesul un	*one by one*
bellach	*now*	fesul dau	*two by two*
cyd-ddyheu	*community spirit*	drysfa	*maze*
estyniad	*extension*	dewisiadau	*choices*
codi	*to build*	ar chwâl	*scattered, dispersed*
canolfannau	*centres*	darnau bychain	*small pieces*
unigoliaeth	*individualism*	blychau	*boxes*
treuliwn	*we spend*	cyrbibion	*smithereens*
o'n hamdden	*of our leisure time*	gwareiddiad	*civilization*

Dygwn y darnau adref
i breifatrwydd unig ein tai,
ac, â hoelion a glud,
fe geisiwn eu cyfannu.

Â gwe cyd-fyw yn gwanhau,
mae pob dim yn DIY.

Grahame Davies, *Adennill Tir*, Caernarfon, 1997

dygwn	*we take*	gwe	*web*
preifatrwydd unig	*lonely privacy*	cyd-fyw	*to live together*
hoelion	*nails*	gwanhau	*to weaken*
glud	*glue*	pob dim	*everything*
cyfannu	*to assemble*		

131

TRENGHOLIAD CHWARELWR

Yn bymtheg aeth i grogi
mewn chwarel lechi
a byw mewn baracs am bum dydd
yr wythnos a dychwelyd
at ei deulu bob penwythnos
efo cyflog mwnci am dorri cnau
a llond pen o hunllefau
am raffau'n torri ac yntau'n
disgyn fel teisen blât yn swp
mwyar duon a chrwst clatsh
ar ddannedd y graig.

trengholiad	*inquest*	hunllefau	*nightmares*
chwarelwr	*quarryman*	rhaffau	*ropes*
yn bymtheg	*at fifteen*	teisen blât	*tart*
crogi	*to hang*	swp	*mass, heap*
chwarel lechi	*slate quarry*	mwyar duon	*blackberries*
penwythnos	*weekend*	crwst clatsh	*soggy pastry*
cyflog mwnci am dorri cnau	*monkey's wages for cracking nuts*	ar ddannedd y graig	*on the jagged edges of the rock*
llond pen	*headful*		

Ddeugain mlynedd yn ddiweddarach
fe ymddeolodd a threulio gweddill
ei fywyd yn darllen a phoeri fflem
llwch llechi a lludw baco i'r tân
a'i ysgyfaint yn rhuglo fel rug-a-rug.
Treiddiodd y cancr trwyddo a bu farw
mewn ysbyty ar ôl misoedd o fygu
a chrefu am fwy o drugaredd morffia.

Gadawodd weddw ar ei ôl,
mor unig â maneg,
casgliad cyfan o nofelau Dickens,
a hoelion ei arch mewn pecyn
Woodbines ar y grât.

Elin Llwyd Morgan, *Duwieslebog*, Tal-y-bont, 1993

deugain mlynedd	*forty years*	trwyddo	*through him*
yn ddiweddarach	*later*	mygu	*to suffocate*
ymddeolodd	*he retired*	crefu	*to beg*
treulio	*to spend*	trugaredd morffia	*morphine's*
poeri	*to gob*		*compassion*
llwch llechi	*slate dust*	gweddw	*widow*
lludw baco	*tobacco ash*	maneg	*glove*
ysgyfaint	*lungs*	casgliad cyfan	*a whole collection*
rhuglo	*to clatter*	arch	*coffin*
rug-a-rug	*rattle*	pecyn	*packet*
treiddiodd	*spread*	grât	*grate*
cancr	*cancer*		

133

GOBAITH GLAW HAUL

Mae lliwiau i ddyddiau:
Llun yn wyn
Mawrth yn winau
Mercher yn goch
Iau yn borffor
Gwener yn oren
Sadwrn yn felyn
Sul yn binwydd:
pob wythnos yn enfys,
a'r ddynol ryw
fel cloddwyr aur
mewn chwarel blwm
yn chwilio am y trysor
wrth eu traed.

Elin Llwyd Morgan, *Duwieslebog*, Tal-y-bont, 1993

---

gwinau	*bay, auburn*	cloddwyr aur	*gold diggers*
pinwydd	*pine*	chwarel blwm	*lead mine*
enfys	*rainbow*	trysor	*treasure*
dynol ryw	*mankind, humanity*	wrth eu traed	*at their feet*

COFIO JAMIE BULGER

Mae clywed am ddyn yn lladd ei frawd bellach yn elfen drist ond cyfarwydd o'n cymdeithas, ond mae sôn am blentyn yn troi'n llofruddiwr ar ôl gwylio ffilm fideo'n ddatblygiad llawer mwy sinistr. Marwolaeth rhyddid a diniweidrwydd ieuenctid oedd marwolaeth Jamie Bulger.

Mae'r mis du 'leni'n dduach,
mis yw o boen heb James bach,
ni cheir hwyl na charolau
na gwên seren yn nesáu,
na 'chwaith rhamant 'run Santa
na dydd o newyddion da.

Jamie Bulger	Dwy flwydd oed oedd Jamie Bulger pan gafodd ei gipio (*snatched*) yn 1993 o ganolfan siopa (*shopping centre*) yn Bootle gan ddau fachgen deng mlwydd oed. Cafodd ei lusgo (*dragged*) am ddwy filltir (*two miles*) cyn cael ei ladd gan y ddau fachgen.

elfen	*element, factor*	ieuenctid	*youth*
cyfarwydd	*familiar*	mis du	*mis Rhagfyr*
cymdeithas	*society*	duach	*darker*
sôn	*to mention / talk*	poen	*pain*
llofruddiwr	*murderer*	carolau	*carols*
datblygiad	*development*	nesáu	*to approach /*
marwolaeth	*death*		*draw near*
rhyddid	*freedom, liberty*	'chwaith	*either*
diniweidrwydd	*innocence*	rhamant	*romance*

135

Yn nwfn heth ein hofnau ni,
na welwn ei meirioli,
llawn o ddig yw'r llynnoedd iâ
a thir hiraeth yw'r eira;
mae mwmian ymysg mamau
a chydio dwylo rhwng dau.

Mud yr ŷm wrth fynd am dro,
wedi ennyd ei huno
gwnaed carchar o barc chwarae
a chell o lan môr a chae;
wedi ei ddwyn, ein strydoedd aeth
yn heolydd marwolaeth.

dwfn	*deep*	cydio dwylo	*to hold hands*
heth	*cold spell*	mud	*dumb, speechless*
ofnau	*fears*	ŷm	ydyn ni
meirioli	*to thaw*	ennyd	*moment*
dig	*angry, indignant*	huno	marw
llynnoedd	*lakes*	gwnaed carchar	cafodd carchar
iâ	*ice*		*(jail)* ei wneud
eira	*snow*	wedi ei ddwyn	*after he was taken*
mwmian	*to mutter / mumble*	strydoedd	*streets*
ymysg	*among, amongst*	heolydd	*roads*

Rhown dorchau, rhown dywarchen
a phridd dros esgyrn a phren,
ond i'r galon eto'n ôl
daw ei enw'n ddirdynnol:
yn pwyso tunnell bellach,
ynom bawb mae Jamie bach.

Meirion MacIntyre Huws, *Cywyddau Cyhoeddus*, Llanrwst, 1994

rhown	*we place / put*	pren	*wood, timber*
torchau	*wreaths*	yn ddirdynnol	*excruciatingly*
tywarchen	*clod, turf*	pwyso	*to weigh*
pridd	*soil*	tunnell	*ton*
esgyrn	*bones*	ynom bawb	*within us all*

137

COLLI

Aeth yr haf â
hi o fy ochor i
eleni;

cyn darganfod y geiriau,
wylodd y cawodydd
a theimlais ddiwedd Awst
yn wlyb
ar y caeau ŷd:

gwelais y coed cam
yn bwrw eu beichiau
i ddŵr llyn llonydd,
a gwelais ddau gysgod yn gwahanu
ar hen bont garreg
a'i meini'n gynnes
gan belydrau Awst,

cefais fywyd
mewn dagrau glaw.

Collais gynhesrwydd
pan aeth yr haf
â hi.

Alun Llwyd, *Blwyddyn a 'Chydig*, Tal-y-bont, 1991

colli	*to lose*	bwrw	*to throw / cast*
o fy ochr	*from my side*	beichiau	*burdens*
eleni	*this year*	cysgod	*shadow*
darganfod	*to discover*	gwahanu	*to separate*
wylodd	*cried*	pont	*bridge*
cawodydd	*showers*	meini	*stones*
teimlais	*I felt*	pelydrau	*rays*
caeau ŷd	*corn fields*	dagrau glaw	*tears of rain*
cam	*bent, crooked*	cynhesrwydd	*warmth*

AROS

aros am rywun
mewn *café* min-nosol
mwg yn wlith ar blanhigion gwyrddion
oriau'n llenwi'r paneidiau coffi
a'r munudau'n siwgr arian

dal i aros am rywun
mewn cornel wlithog
sy'n llifeirio o amser

aros am rywun
(na chyrhaeddith bellach)
tynnaf sgwrs â'r planhigion

aros am rywun
(dibwys beth bynnag)
tête à tête â phlanhigyn

a phwy a ŵyr alle
fod y planhigyn siriol
yn gryn dipyn mwy annwyl
gryn dipyn mwy rhywiol

na rhywun ddyfeisiais i?

Mererid Puw Davies, *Caneuon o Ben Draw'r Byd*, Tal-y-bont, 1996

min-nosol	gyda'r nos: *evening*	dibwys	*unimportant*
planhigion	*green plants*	pwy a ŵyr	*who knows*
gwyrddion		galle	gallai: *could be*
arian	*silver*	planhigyn	*plant*
llifeirio	*to flow*	siriol	*cheerful, bright*
na chyrhaeddith	*who will not arrive*	rhywiol	*sexy*
bellach	*now*	dyfeisiais	*I devised / invented*

NID WELSH WYF FI OND CYMRO

Nid wyf eisiau bod yn Welshman,
yn estron yn fy ngwlad.
Nid wyf eisiau siarad Welsh,
gwell gennyf y Gymraeg.
Nid Welsh yw cenedl y Cymry,
nid Welsh yw ein hiaith,
ni allaf ganu tenor
na chware rygbi chwaith.
Rwyf wedi 'laru ar estroniaid yn fy nhrin fel sioe mewn ffair.
"Oh, Welshman y'ch chi?
Ydy'ch tad yn gweithio lawr y pwll?
A ydych yn defnyddio'r iaith 'na?
Beth yw ei henw hi?
Oh, rhaid i mi glywed chi'n dweud enw'r lle 'na yn Sir Fôn,
CLANC FFER beth 'di enw fo?"

Felly cadwch eich rygbi iwnion
a chadwch eich Tiger Bay.
Nid yw'r Cymro hwn am fod yn 'model Welshman' i neb.

Gwyn Edwards, *Mae Teithio'n Agor y Meddwl,* Tal-y-bont, 1979

---

estron	*foreigner, alien, stranger*	'laru	*to be weary of*
		trin	*to treat*
gwell gennyf	*I prefer*	sioe	*show*
cenedl	*nation*	ffair	*fair*
chwaith	*either*	pwll	glofa: *pit*

CLANC FFER — Dyna fel y mae rhai estroniaid yn ynganu *(to pronounce)* Llanfair (Pwllgwyngyll). Yn y ganrif ddiwethaf, rhoddwyd yr enw canlynol *(following)* ar y pentref yn Sir Fôn *(Anglesey)*: Llanfairpwllgwyngyllgogerychwyrndrobwll-llantysiliogogogoch.

rygbi iwnion — *rugby union*

Tiger Bay — Rhan o ddinas Caerdydd lle roedd y dociau. Mae'n rhan heddiw o Fae Caerdydd.

GERIATRIC

Rhes ar res o welyau.
Meirw byw
mewn eirch o flancedi.
Llygaid gwag
ar wacter
ac undonedd
pedair wal.
Ceg ddi-ddant
yn anadlu arogl
salwch.
Ysgerbydau o wythiennau glas.
Cof drylliedig
yn disgwyl
perthnasau a theulu,
a'r llygaid
yn ymddiheuro
am wendid meddwl
ac am wendid pledren,
ac am fod yn fyw.

rhes ar res	*row upon row*	salwch	*illness*
meirw byw	*living dead*	ysgerbydau	*skeletons*
eirch	*coffins*	gwythiennau	*veins*
blancedi	*blankets*	drylliedig	*fragmented*
gwacter	*emptiness*	perthnasau	*relatives*
undonedd	*monotony*	ymddiheuro	*to apologise*
di-ddant	*toothless*	gwendid	*weakness*
arogl	*smell*	pledren	*bladder*

Cysgu, ond i ddihuno
i barablu plentyndod
o fewn pedair wal fyddar.
A'r nyrsys yn gwibio heibio.

Sheelagh Thomas, *Du*, Tal-y-bont, 1983

parablu   *to babble*   gwibio   *to flit*
byddar   *deaf*

DADENI

Tybed? Ni fentraf gredu
er bod lleisiau'r greddfau'n gry,
amau yr hyn roed imi
a'r wyrth hardd drodd fy nghroth i
yn amlen; eto, teimlaf
chwarae rhwydd iâr fach yr haf,
glöyn ewn tu mewn i mi
rywsut yn troi a throsi'n
friw afrwydd, yn wefr hyfryd
yn fy neffro'n gyffro i gyd –
ac o wrando ei gryndod
ynof fi, mi wn ei fod.

Yn y dechrau, amau'r rhodd
ond rwyf yn gwybod rywfodd
na allaf wadu bellach
fod ynof fi dy wên fach.

Dan fy llaw, daw alaw deg
trwy'r symud di-resymeg,
a churiad dwrn eratic
ar y drwm yn chwarae'i dric
Dy galon yw hon a hi
yw'r alaw sy'n rheoli.

---

dadeni	renaissance, re-	ewn	bold, fearless
birth		briw	wound
greddfau	instincts	afrwydd	clumsy, difficult
amau	to doubt	gwefr	thrill
gwyrth	miracle	cryndod	trembling
croth	womb	rhodd	gift
amlen	envelope	gwadu	to deny
iâr fach yr haf	butterfly	alaw	tune, melody

Adnabod y dyfodol
yw dy law'n gadael ei hôl,
neu annel dy benelin
ar ras i ffoi 'mhell dros ffin
denau fy ngwast elastig.
I'r oriau mân, chwarae mig
a wnei di, a ni ein dau
yn gymun yn ein gêmau.

Ar y sgrîn, gweld fy llinach
mewn ynni un babi bach,
a hanner gweld fy hunan
yn y sgwâr, yn llwydni'r sgan.
Yn y darn rhwng gwyn a du
mae egin pob dychmygu,
a'r smotyn mewn deigryn dall
yw'r 'fory, yw'r fi arall –
hwn yr un a fydd ar ôl,
yr un, ac un gwahanol.

Fy hanes yw dy hanes di, un cylch
yn cau a'i ddolenni'n
ddi-dor, un yw ein stori,
a hon sy'n ein huno ni.

Mererid Hopwood, *Cyfansoddiadau a Beirniadaethau Eisteddfod Genedlaethol Dinbych a'r Cyffiniau,* Llandybïe, 2001

curiad	beat	llinach	lineage
annel	prop	ynni	energy
penelin	elbow	smotyn	spot
ffoi	to flee	deigryn dall	blind tear
gwast	waist	dolenni	links
chwarae mig	hide-and-seek	di-dor	unbroken
cymun	communion	uno	to unite

LLYFRYDDIAETH

AP DAFYDD, MYRDDIN

Cadw Gŵyl, Gwasg Carreg Gwalch, 1991
Briwsion yn y Clustiau, Gwasg Carreg Gwalch, 1994
Cywyddau Cyhoeddus, gol., Gwasg Carreg Gwalch, 1994
Mul Bach ar Gefn ei Geffyl: Cerddi am Greaduriaid, Gwasg Carreg Gwalch, 1995
Nadolig, Nadolig: Cerddi tymhorol i blant, gol., Gwasg Carreg Gwalch, 1995
Cywyddau Cyhoeddus 2, gol., Gwasg Carreg Gwalch, 1996
Y Llew Go Lew, Gwasg Carreg Gwalch, 1996
Chwarae Plant, Gwasg Carreg Gwalch, 1997
Cywyddau Cyhoeddus 3, gol., Gwasg Carreg Gwalch, 1998
Pedwar Pwdl Pinc a'r Tei yn yr Inc, Gwasg Carreg Gwalch, 1998
Pen Draw'r Tir, Gwasg Carreg Gwalch, 1998
Perlau Cocos: Casgliad o Farddoniaeth Talcen Slip, Gwasg Carreg Gwalch, 1998
Wil a'r Wal, Gwasg Carreg Gwalch, 1998
Ych! Maen Nhw'n Neis, Gwasg Carreg Gwalch, 1998
Tawelwch! Taranodd Miss Tomos, Gwasg Carreg Gwalch, 1999
Armadillo ar fy Mhen, Gwasg Carreg Gwalch, 2000
Brechdana Banana a Gwynt ar ôl Ffa, Gwasg Carreg Gwalch, 2000
Sach Gysgu yn Llawn o Greision, gol., Gwasg Carreg Gwalch, 2000
Syched am Sycharth a chwedlau taith Glyndŵr, Gwasg Carreg Gwalch, 2001
Perthyn Dim i'n Teulu Ni, Gwasg Carreg Gwalch, 2002

AP GLYN, IFOR

Fel yr Hed y Frân, Cytgord, 1986
Holl Garthion Pen Cymro Ynghyd, Y Lolfa, 1991
Bol a Chyfri Banc, Gwasg Carreg Gwalch, 1995
Golchi Llestri mewn Bar Mitzvah, Gwasg Carreg Gwalch, 1998
Cerddi Map yr Underground, Gwasg Carreg Gwalch, 2001
Syched am Sycharth a chwedlau taith Glyndŵr, Gwasg Carreg Gwalch, 2001

BOWEN, EUROS

Cerddi, Gwasg y Brython, 1957
Cerddi Rhydd, Gwasg y Brython, 1961
Myfyrion, Gwasg y Brython, 1963
Achlysuron, Gwasg Gomer, 1970
Cylch o Gerddi, Gwasg y Brython, 1970
Elfennau, Gwasg Gomer, 1972
Poems, Gwasg Gomer, 1974
Cynullion, Gwasg Gomer, 1976
O'r Corn Aur, Gwasg Gee, 1977
Amrywion, Gwasg Gomer, 1980
Dan Groes y Deau, Gwasg Gee, 1980

Masg Minos, Gwasg Gee, 1981
Gwynt yn y Canghennau, Gwasg Gee, 1982
O Bridd i Bridd, Gwasg Gee, 1983
Detholion, Yr Academi Gymreig, 1984
Buarth Bywyd, Gwasg Gwynedd, 1986
Goleuni'r Eithin, Gwasg Gee, 1986
Alarch, Gwasg Gregynog, 1987
Oes y Medwsa, Barddas, 1987
Lleidr Tân, Gwasg Gwynedd, 1989
Dathlu Bywyd, Barddas, 1990

DAVIES, D. JACOB
Cerddi'r Ddau Frawd, Gwasg Gomer, 1940
Y Mynydd Teimladwy, Llyfrau'r Dryw, 1971

DAVIES, GRAHAME
Adennill Tir, Barddas, 1997
Cadwyni Rhyddid, Barddas, 2001
Ffiniau : Borders, Gwasg Gomer, 2002

DAVIES, MERERID PUW
Caneuon o Ben Draw'r Byd, Y Lolfa, 1996

EAVES, STEVE
Noethni, Gwasg Gwynedd, 1983
Jazz yn y Nos, Y Lolfa, 1986

EDWARDS, GWYN
Mae Teithio'n Agor y Meddwl, Y Lolfa, 1979

EDWARDS, SONIA
Y Llais yn y Llun, Gwasg Gwynedd, 1998

EVANS, ALED LEWIS
Tre'r ffin, Ysgol Morgan Llwyd, 1983
Sibrydion, Yr Awdur, 1986
Tonnau: cyfrol o gerddi, Barddas, 1989
Sglefrfyrddio, Barddas, 1994
Wavelengths, I.D. Books, 1995
Mendio Gondola, Barddas, 1997
Llanw'n Troi, Barddas, 2001

EVANS, ELLIS HUMPHREY (Hedd Wyn)
Cerddi'r Bugail, Hughes, 1918

EVANS-JONES, ALBERT (Cynan)
Cerddi Cynan: y casgliad cyflawn, Gwasg Gomer, 1987

GRUFFUDD, W. J. (Elerydd)
Ffenestri a cherddi eraill, Gwasg Aberystwyth, 1961
Cerddi'r Llygad, Gwasg y Dref Wen, 1973
Cerddi W. J. Gruffudd (Elerydd), gol. D. Islwyn Edwards, Gwasg Gwynedd, 1990

HOOSON, I. D.
Cerddi a Baledi, Gwasg Gee, 1936
Y Gwin a Cherddi Eraill, Gwasg Gee, 1948

HUWS, MEIRION MACINTYRE
Y Llong Wen a Cherddi Eraill, Gwasg Carreg Gwalch, 1996
Rhedeg Ras dan Awyr Las, Hughes a'i Fab, 2001

JAMES, DAVID EMRYS (Dewi Emrys)
Rhigymau'r Ffordd Fawr, Pwyllgor yr Eisteddfod, 1926
Rhymes of the Road, 1928
Y Gân ni Chanwyd, J. Davies, 1929
Y Cwm Unig, J. Davies, 1930
Cerddi'r Bwthyn, Gwasg Aberystwyth, 1948
Wedi Storom, Gwasg Gomer, 1965

JARMAN, GERAINT
Eira Cariad, Llyfrau'r Dryw, 1970
Cerddi Alfred Street, Gwasg Gomer, 1976

JONES, BOBI
Y Gân Gyntaf, Gwasg Aberystwyth, 1957
Rhwng Taf a Thaf, Llyfrau'r Dryw, 1960
Man Gwyn: Caneuon Quebec, Llyfrau'r Dryw, 1965
Tyred Allan, Llyfrau'r Dryw, 1962
Yr Ŵyl Ifori, Llyfrau'r Dryw, 1967
Allor Wydn, Llyfrau'r Dryw, 1971
Gwlad Llun, Christopher Davies, 1976
Hunllef Arthur, Barddas, 1986
Bobi Jones: Selected Poems, cyf. Joseph Clancy, Christopher Davies, 1987
Casgliad o Gerddi, Barddas, 1989
Canu Arnaf (1), Barddas, 1994
Canu Arnaf (2), Barddas, 1995
Ynghylch Tawelwch, Barddas, 1998

JONES, D. JAMES (Gwenallt)
Ysgubau'r Awen, Gwasg Gomer, 1939
Cnoi Cil, Gwasg Aberystwyth, 1942
Eples, Gwasg Aberystwyth, 1951
Gwreiddiau, Gwasg Aberystwyth, 1959
Y Coed, Gwasg Gomer, 1969
Cerddi Gwenallt: y casgliad cyflawn, gol. Christine James, Gwasg Gomer, 2001

JONES, EINIR
Pigo Crachan, Christopher Davies, 1972
Gwellt Medi, Gwasg Gwynedd, 1980
Daeth Awst, Daeth Nos, Barddas, 1991
Gweld y Garreg Ateb, Gwasg Gwynedd, 1991

JONES, EINIR ac EDWARD
Rhwng Dau, Gwasg Pantycelyn, 1998

JONES, J. R.
Rhwng Cyrn yr Arad, Llyfrau'r Dryw, 1962
Hwyl Llwyfan, Gwasg Gomer, 1969
Cerddi JR, Gwasg Gomer, 1970
Cerddi Cwm Eleri, Gwasg Gomer, 1980
Crafion Medi, Gwasg Gomer, 1992

JONES, MOSES GLYN
Y Ffynnon Fyw, Gwasg Gomer, 1973
Mae'n Ddigon Buan, Christopher Davies, 1977
Y Sioe, Barddas, 1984
Y Dewin a Cherddi Eraill, Barddas, 1993

JONES, NESTA WYN
Cannwyll yn Olau, Gwasg Gomer, 1969
Ffenest Ddu, Gwasg Gomer, 1973
Rhwng Chwerthin a Chrio, Gwasg Gomer, 1986
Dawns y Sêr, Gwasg Gomer, 1999

JONES, R. GERALLT
Ym Mysg y Drain, Gwasg Gee, 1959
Cwlwm, Gwasg Gee, 1962
Cysgodion, Gwasg Gomer, 1972
Dyfal Gerddwyr y Maes, Christopher Davies, 1981
Cerddi 1955-1989, Barddas, 1989

JONES, T. GWYNN
Gwlad y Gân a Chaniadau Eraill, Herald, 1902
Ymadawiad Arthur a Chaniadau Eraill, Cwmni'r Cyhoeddwyr Cymreig, 1910
Cerddi Hanes, Hughes, 1930
Manion, Hughes, 1932
Caniadau, Hughes, 1934
Y Dwymyn, Gwasg Aberystwyth, 1944

JONES, VERNON
Llwch Oged, Cymdeithas Lyfrau Ceredigion, 1968
Gogerddan a cherddi eraill, Gwasg Gomer, 1982
Y Llafn Golau, Gwasg Gomer, 2000

LLWYD, ALAN
    Y March Hud, Gwasg Tŷ ar y Graig, 1971
    Edrych Trwy Wydrau Lledrith, Christopher Davies, 1975
    Gwyfyn y Gaeaf, Christopher Davies, 1975
    Rhwng Pen Llŷn a Phenllyn, Christoipher Davies, 1976
    Cerddi'r Cyfannu a Cherddi Eraill, Christopher Davies, 1980
    Marwnad o Dirdeunaw, Barddas, 1982
    Yn Nydd yr Anghenfil, Barddas, 1982
    Einioes ar ei hanner, Barddas, 1984
    Oblegid fy Mhlant, Barddas, 1986
    Yn y Dirfawr Wag, Barddas, 1988
    Cerddi Alan Llwyd 1968-90: y casgliad cyflawn cyntaf, Barddas, 1990
    Sonedau i Janice a cherddi eraill, Barddas, 1996

LLWYD, ALUN
    Blwyddyn a 'Chydig, Y Lolfa, 1991

LLWYD, IWAN
    Sonedau Bore Sadwrn, Y Lolfa, 1983
    Dan Anesthetig, Gwasg Taf, 1987
    Dan fy Ngwynt, Gwasg Taf, 1992
    Cywyddau Cyhoeddus, Gwasg Carreg Gwalch, 1994
    Bol a Chyfri Banc, Gwasg Carreg Gwalch, 1995
    Eldorado: llwybrau dau i le diarth, Gwasg Carreg Gwalch, 1999
    Syched am Sycharth a chwedlau taith Glyndŵr, Gwasg Carreg Gwalch, 2001

MORGAN, ELIN LLWYD
    Duwieslebog, Y Lolfa, 1993

MORGAN, MIHANGEL
    Diflaniad fy Fi, Barddas, 1988
    Beth yw rhif ffôn Duw?, Barddas, 1991
    Creision Hud, Y Lolfa, 2001

MORRIS-JONES, JOHN
    Caniadau, Fox, Jones and Co., 1907

MORYS, TWM
    Ofn Fy Het, Barddas, 1995
    Eldorado: llwybrau dau i le diarth, Gwasg Carreg Gwalch, 1999
    Syched am Sycharth a chwedlau taith Glyndŵr, Gwasg Carreg Gwalch, 2001

NICHOLAS, T. E.
    Salmau'r Werin a cherddi eraill, Cwmni Llais Llafar, 1909
    Cerddi'r Gwerin, Cwmni y Cyhoeddwyr Cymreig, 1912
    Cerddi Rhyddid, Thomas a Parry, 1914
    Dros Eich Gwlad, T. E. Nicholas, 1920

Y Gân Ni Chanwyd, Welsh Gazette, 1929
Terfysgoedd Daear, Gwasg y Seren Goch, 1939
Llygad y Drws: sonedau'r carchar, Gwasg Aberystwyth, 1940
Canu'r Carchar, Gwasg Gomer, 1942
Y Dyn â'r Gaib, Gwasg Gee, 1944
Prison Sonnets, W. Griffiths, 1948
Dryllio'r Delwau, Gwasg Gee, 1944
'Rwy'n Gweld o Bell, John Penry, 1963

OWEN, GERALLT LLOYD
   Cyfres Talwrn y Beirdd, gol., Gwasg Gwynedd
   Ugain Oed a'i ganiadau, Argraffdy'r M.C., 1966
   Cerddi'r Cywilydd, Gwasg Gwynedd, 1972
   Cilmeri a cherddi eraill, Gwasg Gwynedd, 1991

PARRY, R. WILLIAMS
   Yr Haf a cherddi eraill, Gwasg y Bala, 1924
   Cerddi'r Gaeaf, Gwasg Gee, 1952
   Cerddi: y casgliad cyflawn 1905-50, Gwasg Gee, 1998

PARRY-WILLIAMS, T. H.
   Cerddi: rhigymau a sonedau, Gwasg Aberystwyth, 1931
   Sonnets (1919-20), arg. Cambrian News, 1932
   Lloffion: Pros a Mydr (1937-42), Clwb Llyfrau Cymraeg, 1942
   Ugain o Gerddi, Gwasg Aberystwyth, 1949
   Detholiad o Gerddi, Gwasg Gomer, 1972
   Casgliad o gerddi, Gwasg Gomer, 1987

REES, JOHN RODERICK
   Cerddi'r Ymylon, Cymdeithas Lyfrau Ceredigion, 1959
   Cerddi, Cymdeithas Lyfrau Ceredigion, 1984
   Cerddi Newydd, Barddas, 1992

ROWLANDS, DAFYDD
   Meini, Gwasg Gomer, 1972
   Yr Wythfed Dydd: Cerddi 1972-74, Christopher Davies, 1975
   Sobers a Fi: Cerddi Dafydd Rowlands, Gwasg Gomer, 1995

THOMAS, GWYN
   Chwerwder yn y Ffynhonnau, Gwasg Gee, 1962
   Y Weledigaeth Haearn, Gwasg Gee, 1965
   Ysgyrion Gwaed, Gwasg Gee, 1967
   Enw'r Gair, Gwasg Gee, 1972
   Y Pethau Diwethaf a Phethau Eraill, Gwasg Gee, 1975
   Cadwynau yn y Meddwl, Gwasg Gee, 1976
   Croesi Traeth, Gwasg Gee, 1978
   Symud y Lliwiau, Gwasg Gee, 1981

Wmgawa, Gwasg Gee, 1984
Am Ryw Hyd, Gwasg Gee, 1986
Cerddi'r Canllaw, Gwasg Gomer, 1986
Gwelaf Afon, Gwasg Gee, 1990
Darllen y Meini, Gwasg Gee, 1998
Pasio Heibio, Gwasg Carreg Gwalch, 1998
Gweddnewidio: detholiad o gerddi 1962-1986, Gwasg Gee, 2000

THOMAS, SHEELAGH
Du, Y Lolfa, 1983

THOMAS, THOMAS JACOB (Sarnicol)
Odlau Môr a Mynydd, Gwasg Minerva, 1912
Blodau Drain Duon, Gwasg Gomer, 1935
Storiau ar Gân, Gwasg Aberystwyth, 1936

WILLIAMS, RHYDWEN
Barddoniaeth Rhydwen Williams, Llyfrau'r Dryw, 1965
Y Ffynhonnau, Llyfrau'r Dryw, 1970
Y Chwyldro Gwyrdd, Christopher Davies, 1972
Dei Gratia, Barddas, 1984
Pedwarawd, Barddas, 1986
Ys Gwn i a cherddi eraill, Barddas, 1986
Rhondda Poems, Christopher Davies, 1987
Barddoniaeth: casgliad cyflawn 1941-91, Barddas, 1991

WILLIAMS, T. ARFON
Englynion Arfon, Christopher Davies, 1978
Annus Mirabilis a cherddi eraill, Barddas, 1984
Cerddi Arfon, Barddas, 1996

WILLIAMS, W. CRWYS
Cerddi Crwys, Hughes a'i Fab, 1920
Cerddi Newydd Crwys, Hughes a'i Fab, 1924
Trydydd Cerddi Crwys, Hughes a'i Fab, 1935
Cerddi Crwys: y pedwerydd llyfr, Hughes a'i Fab, 1944

WILLIAMS, WALDO
Dail Pren, Gwasg Aberystwyth (Gwasg Gomer), 1971